100가지 과학 1,000가지 상식 ④
환경

100가지 과학 1,000가지 상식은
초등학생들의 상상력과 창의력을 존중하며
재미있고 환상적인 이야기로 여러분 곁에 늘 가까이 있겠습니다.
좋은 책을 읽는 것은 세상에서 가장 값진 보물을 갖는 것과 같습니다.

글 | 판도라
감수 | 이인식
그림·구성 | 신경순
펴낸이 | 이재은
펴낸곳 | 세상모든책
기획·편집 | 조혜린
디자인 | 권선미
마케팅 | 이주은, 이은경
주소 | 서울시 광진구 자양동 680-77 모던빌딩 2층
전화 | 02-446-0561
팩스 | 02-446-0569
E-mail | everybk@hanmail.net
Homepage | www.ieverybook.com   www.세상모든책.kr
출판등록 | 1997.11.18. 제10-1511호
초판 1쇄 발행 | 2008년 10월 1일
초판 2쇄 발행 | 2012년 2월 28일

Copyright ⓒ 2008 세상모든책
이 책에 실린 글과 그림을 무단으로 복사, 복제, 배포하는 것은 저작권자의 권리를 침해하는 것입니다.
ISBN 978-89-5560-225-8 74400   ISBN 978-89-5560-199-2 74400 (세트)

*잘못 만들어진 책은 바꾸어 드립니다.

100가지 과학 1,000가지 상식 ④

환경

세상모든책

이 책을 내면서

아주 오래 전부터 사람들은 우리를 둘러싸고 있는 환경은 아무리 사용해도 없어지지 않는 '마르지 않는 샘물'이라고 생각했어요. 그래서 나무를 함부로 베어 내어 가구와 연필을 만들고, 석탄과 석유로 자동차, 배, 비행기를 움직였지요.

그런데 현대에 들어와 상상하지도 못했던 일들이 벌어지고 말았어요. 베어진 나무 때문에 홍수가 발생하고, 석탄과 석유 때문에 공기가 오염되고, 물 낭비 때문에 가뭄이 생겨나고 있거든요.

환경은 우리가 살아 나가는 터전이자 생명의 근원이에요. 지금까지 환경은 우리에게 아낌없이 많은 것을 주었지만, 우리는 그것을 소중하게 생각하지 않았어요. 항상 곁에 있어서 소중함을 몰랐던 것이죠. 결국 우리들의 욕심이 환경을 훼손시키고 만 것이에요.

이제 환경 문제는 점차 확대되어서 각 지역 간의 갈등을 만들어 내고, 국경을 넘어서 나라 간 이해관계에 얽힌 복잡한 문제로 번져 가고 있어요. 예를 들어 우리 동네에 쓰레기 소각장이 들어서는 것을 반대하는 운동이나, 봄철만 되면 중국의 모래 바람 때문에 우리나라에 황사 피해가 생기는 문제들이 바

로 그런 경우예요.

　미래학자들은 우리가 살고 있는 지구의 종말을 걱정하고 있어요. 지구는 지금 큰 병을 앓고 있는 환자이기 때문이죠. 파괴된 환경은 사람을 공격해 오고, 더 나아가 인류의 생존을 위협하고 있어요. 환경은 우리들에게 당면한 삶의 문제이면서 미래의 문제이자 우리 후손들에게 넘겨 줄 중요한 문제예요. 그렇기 때문에 우리들은 환경 파괴에 대해 깊이 반성하고, 지구를 살릴 수 있는 방법을 생각해 내야 해요.

　무엇보다 환경에 대한 관심이 우선시 되어야 하겠죠. 우리들은 대기 오염, 수질 오염, 폐기물, 토양 오염 등이 무엇인지 알고, 어떻게 대처할 수 있는지 연구해야 해요. 그리고 지금부터라도 환경에 보다 더 많은 관심을 갖고, 어떻게 하면 환경을 아끼고 사랑하고 보살필 수 있는지 이 책을 통해 하나하나씩 실천해 보도록 해요.

2008년 9월

판도라 조채린

차례

환경과 숨 쉬는 대기
001. 환경이 뭐예요? 14
002. 인구가 늘어나면 환경이 오염되나요? 16
003. 애국가에 나오는 '보전하세'의 뜻이 뭐예요? 18
004. 환경 문제는 우리에게 어떤 영향을 주나요? 20
005. 공기는 언제부터 오염됐나요? 22
006. 온실 효과가 나쁜 것인가요? 24
007. 지구가 열을 받아 울긋불긋한다고요? 26
008. 지구에 사악한 쌍둥이 남매가 있다고요? 28
009. 남극 하늘 오존층이 뻥 뚫려 있다고요? 30
010. 하늘에서 내려오는 귀신 비가 있다고요? 32
011. 매연 때문에 4,000명이 떼죽음을 당했다고요? 34
012. L.A 스모그 사건은 어떤 사건이에요? 36
013. 공기 오염 측정에 이용되는 순찰병은 누구예요? 38
014. 새들이 하늘에서 적신호를 보내고 있나요? 40
015. '먼로바람'이 뭐예요? 42
016. 도시에 있는 뜨거운 섬과 차가운 섬이 뭐예요? 44
017. 실내 공기는 왜 더러워질까요? 46
018. 메케한 공기를 만드는 주범은 누구예요? 48

생명의 근원인 물
019. 인류 문명은 강을 따라 존재해 왔나요? 52
020. 세계는 지금 물이 부족하다고요? 54
021. 바닷물의 높이가 왜 자꾸 올라가나요? 56
022. 이타이이타이병은 어떤 병이에요? 58
023. 이름도 이상한 미나마타병은 증상이 어때요? 60
024. 강물을 놓고 싸움을 하다가 전쟁까지 벌였다고요? 62

025. 바다와 강을 뒤덮는 침입자는 누구예요? 64
026. 물에도 등급이 있나요? 66
027. 물 순찰병으로 근무하는 물고기가 뭐예요? 68
028. 우리나라 온산병은 몹쓸 질병인가요? 70
029. 선박용 페인트가 물고기를 죽인다고요? 72
030. 바다의 보석 산호가 창백하게 죽어 간다고요? 74
031. 펭귄이 어떻게 석유를 뒤집어썼나요? 76
032. 쥐는 왜 합성 세제를 갉아먹지 않나요? 78
033. 물은 반드시 끓여 먹어야 하나요? 80
034. 한강은 어떻게 오염되고 있나요? 82
035. 팔당호의 수질이 서울 시민의 건강을 결정하나요? 84
036. 약수터나 우물 근처에 쓰레기를 버리면 안 되나요? 86
037. 쇠고기 1kg 생산하는 데 2만 L의 물이 필요하다고요? 88
038. 수질 오염 방지의 전통적 장치가 물챙이였다고요? 90
039. 북극이 방사능 때문에 위험하다고요? 92

생태계 신호등은 빨간불

040. 생태계 순환이 뭐예요? 96
041. 생대계 균형이 깨지면 어떻게 되나요? 98
042. 여우원숭이가 멸종되고 있나요? 100
043. 하늘에서 누런 흙이 떨어지고 있나요? 102
044. 허연 부스럼 같은 사막이 늘어나는 이유가 뭐예요? 104
045. 지구 허파의 건강이 악화되고 있다고요? 106
046. 이스터 섬에서는 무슨 일이 벌어졌나요? 108
047. 인공 불빛이 새들의 덫이 되나요? 110
048. 모기 잡다가 초가삼간 무너뜨린다고요? 112
049. 시멘트 바닥에서 신음 소리가 들린다고요? 114

차례

050. 골프장을 왜 녹색 사막이라고 하나요? 116
051. 산이 대머리가 되는 이유가 뭐예요? 118
052. 소나무가 모두 사라질지도 모른다고요? 120
053. 죄 없는 동물들이 왜 털을 빼앗기고 있나요? 122
054. 습지가 생물들의 슈퍼마켓인가요? 124
055. 자연 상태의 갯벌이 왜 훼손되고 있나요? 126
056. 미국의 꿀벌들은 어디로 갔나요? 128

위기의 환경과 생활(쓰레기, 소음, 먹거리)

057. 학교 운동장에서 이상한 연기가 나왔다고요? 132
058. 쓰레기는 땅에 묻거나 태워도 문제라고요? 134
059. 우리나라 하루 평균 쓰레기량은 얼마나 되나요? 136
060. 지금 세계는 비닐봉지 천국이라고요? 138
061. 건전지는 왜 죽어서도 맹독을 뿜나요? 140
062. 쓰레기의 수명은 얼마나 되나요? 142
063. 종이를 만들려면 나무가 얼마나 필요하나요? 144
064. 시끄러운 소리도 공해예요? 146
065. 매미 소리도 소음인가요? 148
066. 껌이 환경을 오염시키고 있나요? 150
067. 식품 첨가물이 뭐예요? 152
068. 유전자 변형 식품은 안전하나요? 154
069. 유기농 산물은 어떻게 만드나요? 156

실천하는 환경 보호

070. 나무 위에서 원숭이처럼 생활을 했던 여자가 있다고요? 160
071. 자연 보존을 잘하면 돈을 벌 수 있나요? 162
072. 공기를 더럽히지 않는 교통수단이 있나요? 164
073. 옥수수와 장작으로 자동차가 달릴 수 있나요? 166

074. 환경 정화 운동으로 환경을 되살릴 수 있나요? 168
075. 가정에서 생기는 환경 호르몬을 막을 수 있나요? 170
076. 주방에서 쓸 자연 세제가 있나요? 172
077. 일회용품을 줄여야 환경이 살아나나요? 174
078. 빨래를 덜하면 하천이 살아날까요? 176
079. 생활 폐품을 다시 꽃피우는 방법은 무엇인가요? 178
080. 폐식용유로 무공해 비누를 만들 수 있나요? 180
081. 난지도가 아름답게 변신했다고요? 182
082. 부채는 무공해 선풍기예요? 184
083. 전등 끄기를 실천하면 에너지가 절약되나요? 186
084. 선조들을 보면 환경 문제의 답이 보이나요? 188
085. 진딧물 잡는 천연 살충 곤충이 있다고요? 190
086. 지구의 똥을 치우는 착한 청소부는 누구예요? 192
087. 지렁이는 대지에 생명을 주는 존재인가요? 194
088. 개구리를 먹으면 안 되나요? 196
089. 나무들의 고아원이 있나요? 198
090. 자원을 절약하는 방법에는 무엇이 있나요? 200
091. 조심해서 먹어야 할 식품은 뭐예요? 202
092. 람사르 협약이 뭐예요? 204
093. 인간 환경 선언은 어떤 내용이에요? 206
094. 유해 폐기물 발생을 어떻게 막아야 하나요? 208
095. 기후 변화에 대한 협약이 있나요? 210
096. 오존층 파괴를 막기 위해 무엇을 하고 있나요? 212
097. 지구의 사막화를 걱정하는 모임이 있나요? 214
098. 생물의 다양성은 어떻게 보존해야 하나요? 216
099. 고래 보호에 앞장서는 단체가 있나요? 218
100. 우리나라 환경 운동 연합은 어떤 단체인가요? 220

1장
환경과 숨 쉬는 대기

사람은 환경과 떼려야 뗄 수 없는 상호 의존 관계를
유지하고 있는 친구이자 동반자적 존재예요.
하지만, 막역한 친구라 해서 환경을 함부로
대해서는 안 돼요. 심하면 우리의 건강을 해치고
생명까지 앗을 수 있으니까요.

환경이 뭐예요? 중에서

환경이 뭐예요?

'환경'은 인간을 포함한 생명체의 주변을 둘러싸고 있는 모든 것을 뜻해요.

예를 들어 물, 공기, 땅, 집, 예절 등이 있지요.

우리는 환경 속에서 살아가요. 환경은 바로 우리 주변을 둘러싼 모든 것을 뜻하지요. 어떤 것들이 나를 둘러싸고 있는지 한번 곰곰이 생각해 보세요. 마실 수 있는 물, 숨 쉴 수 있는 공기, 식량을 생산해 내는 땅이 떠오르지요? 이렇듯 환경은 우리 인간을 비롯해 지구의 모든 살아 있는 생명체에 영향을 미치는 세계랍니다.

소중한 환경이 나빠지면 동식물이 살 수 없게 되거나 아주 힘겹게 살게 될 거예요. 가령, 사막에 생물이 별로 없다는 것은 여러분도 잘 아는 사실일 거예요. 생물이 아예 없는 것은 아니지만, 선인장처럼 가시 돋친 식물만이 띄엄띄엄 살 뿐이지요. 즉, 환경이 나빠지거나 고르지 못하면 거기에 살던 생물마저 더 살기 좋은 다른 고장으로 옮겨 가거나 멸종될 수밖에 없어요. 만물의 영장임을 자랑하는 사람 역시 환경이 나빠지면 살아남기 어렵지요.

사람은 환경과 떼려야 뗄 수 없는 상호 의존 관계를 유지하고 있는 친구이자 농반자적 존재예요. 하지만, 막역한 친구라 해서 환경을 함부로 대해서는 안 돼요. 심하면 우리의 건강을 해치고 생명까지 앗을 수 있으니까요.

인구가 늘어나면 환경이 오염되나요?

100만 년 전만 해도 지구 인구는 12만 5000명에 불과했어요. 목축과 원시 농업을 시작하면서 인구는 500만 명으로 늘어났고, 철기 발달로 인해 2억 5000만 명으로 불기 시작했지요. 9~12세기경에는 4억 명으로 급증하게 되었고, 그 뒤 수십 년마다 인구가 늘어났답니다.

100만 년 전	약 12만 5000명
원시 농업	약 500만 명
철기 시대	약 2억 5000만 명
9~12세기경	약 4억 명
2050년 이후	약 92억 명 예상

2007년 유엔이 발표한 인구 보고서에 따르면, 20세기에 들어서 인구가 급속하게 팽창했대요. 지구 인구는 1950년에 25억 명, 1975년에는 40억 명, 2007년에는 66억 명으로 불었지요. 이런 추세라면 2050년에는 지구 인구가 92억 명으로 늘어날 것으로 예상하고 있어요. 지구는 앞으로 인구 증가로 발 디딜 틈 없는 좁은 땅으로 변할지도 몰라요.

'환경 수용 능력'이란 말이 있는데, 이것은 장차 지구가 인구를 부양할 수 있는 능력을 말해요. 자연의 낭비와 무분별한 소비로 지구는 이미 수용 능력을 초과했다는 말이 여

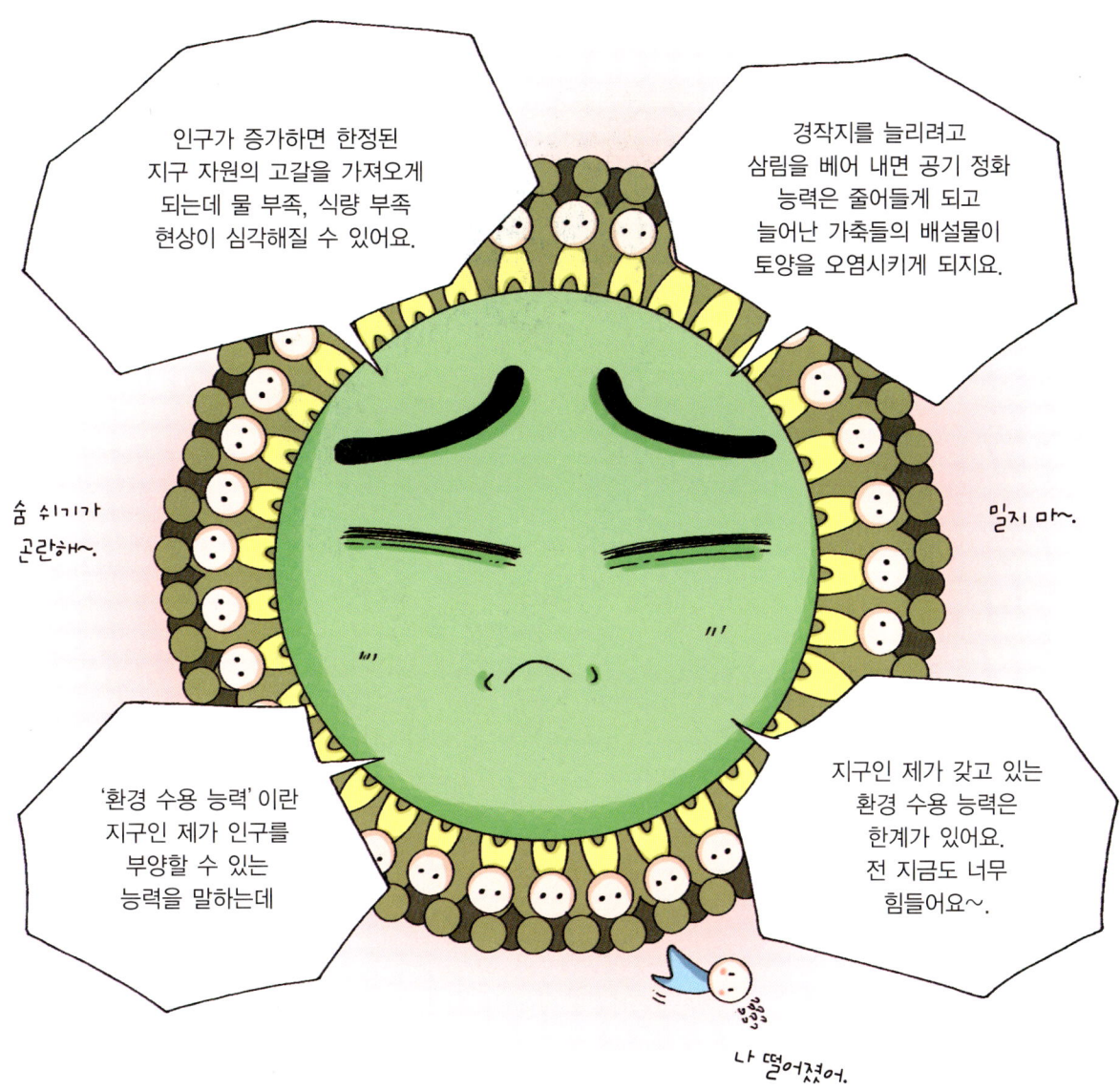

기저기서 들려오고 있지요.

  지금도 세계 인구의 20%는 영양실조 상태인데, 계속 늘어나는 인구는 추가 식량을 필요로 하고 있어요. 지구 입장에서의 인구 증가 문제는 몸뚱이는 하나인데 먹여 살릴 자식들만 계속 늘어나는 격이지요. 결국, 지구는 지고 가야 할 지게가 수십 개나 되는 늙은 아버지처럼 되고 있답니다.

애국가에 나오는 '보전하세'의 뜻이 뭐예요?

　애국가의 후렴 부분에 '대한 사람 대한으로 길이 보전하세.'라는 가사가 나오지요? 노래를 부르다 보면 보전이 무슨 뜻일까 궁금해져요. 보전 외에도 보호, 보존이라는 단어도 있어요. 그렇다면, 이 말들을 어떻게 구별해야 할까요? 서로 비슷한 뜻처럼 보여 정확히 구별하기 어려워요.

　우선 애국가에 나오는 '보전'이라는 단어는 약간 훼손된 곳에 더는 피해를 입지 않도록 관리를 하는 것을 말해요. 침식이 되고 있는 지역에 방지 시설을 설치하고 자연 생태계를 유지하는 것은 보전에 해당하지요.

　'보존'은 피해를 입지 않은 자연을 그대로 두어 오염이 일어나지 않도록 하는 것이에요. 사람의 손을 거친 어떤 활동도 없는 상태를 뜻하며, 가장 자연스럽게 유지하는 것을 최고로 생각하는 방법이지요. 동명왕릉과 같은 문화재와 국립공원은 사람들에 의해 훼손되지 않도록 보존을 해야 한답니다.

'보호'는 환경이 많이 훼손된 경우 사람의 손을 통해 다시 되살리는 활동이에요. 훼손된 자연을 그대로 두면 다시는 회복이 되지 않거든요. 이때는 적극적인 사람의 노력이 필요해요. 쓰레기를 줍거나 등산로를 정비하는 것이 이 경우에 해당되겠지요?

○ 보호
많이 훼손되어
다시 되살리는 활동

○ 보전
약간 훼손된 곳이
더 이상 피해를 입지
않도록 관리하는 것

○ 보존
자연 그대로를
오염이 일어나지
않도록 하는 것

환경 문제는 우리에게 어떤 영향을 주나요?

사람은 삼림을 함부로 베어 내어 홍수를 일으키기도 하고, 서로 다투며 전쟁을 일으켜 도시를 파괴하고, 대기 오염 물질을 방출해 공기를 더럽히고, 핵 실험으로 지구를 오염시켜 왔어요. 환경을 훼손해 온 주범은 바로 우리 사람들이지요. 환경오염은 인간들의 이기심이 빚어낸 결과랍니다.

무엇보다도 인류의 생존을 위협하는 환경 문제들을 해결하려면 지구를 질식시키는 오염 물질을 더 이상 방출해서는 안 된다는 반성과 적극적인 실천이 필요해요.

지구는 지금 중병을 앓고 있어요. 미래학자들은 우리가 살고 있는 지구의 종말을 미리 걱정하고 있지요. 환경은 우리에게 당면한 삶의 문제이면서 미래의 문제이기도 하거든요. 우리가 어릴 때부터 환경 문제에 관심을 가져야 할 이유가 바로 여기에 있답니다.

세계 인구 증가와 경제적 발전으로 인해 우리는 여러 환경 문제들을 만들어 내고 있어요.

이러한 환경 문제는 우리의 의식주는 물론이고 여러 사회 문제를 일으키기도 한답니다.

대기 오염　　오존층 파괴
산성비
황사　　지구 온난화
사막화　　토양 오염　　수질 오염　　토양 오염

20

공기는 언제부터 오염됐나요?

인공적으로 대기 내에 유입된 오염 물질이 우리에게 불쾌감을 주거나 병을 일으켜 우리가 살아가는데 방해를 주는 상태를 '대기 오염'이라고 해요.

대기
중력에 의해 지구 주위를 둘러싸고 있는 기체

먼 옛날 선사 시대에는 화산에서 분출하는 화산재와 유독 가스가 공기를 오염시켰어요. 그리고 인간이 불을 사용하기 시작하면서 불완전 연소로 발생한 오염 물질이 집 안 공기를 메케하게 했지요. 물론 지붕 굴뚝의 발명으로 집 안의 연기나 음식 냄새는 밖으로 내보낼 수 있었지만 수세기 동안 사용해 온 벽난로에서 나오는 검댕은 어쩔 수 없었답니다.

22

산업 혁명 이후 중요한 대기 오염 물질은 공장, 기관차, 기선 등에 사용되는 보일러와 가정의 난방용 난로에서 배출되는 매연과 재였어요.

◐ 공장

◐ 기관차

◐ 기선

◐ 가정

그렇다면, 도시의 대기는 언제부터 오염됐을까요?

세계 최초의 대기 오염의 기록은 로마 시대까지 거슬러 올라가요. 귀족들이 로마 시내의 공기 때문에 흰옷이 더러워졌다고 원로원 회의에서 투덜거리며 불평했다는 기록이 남아 있거든요. 이 기록은 로마 시대부터 벌써 대기 오염이 심했다는 사실을 말해 주고 있지요. 영국에서는 1257년 헨리 3세의 왕비가 런던의 매연을 피해 스코틀랜드의 궁으로 궁정을 옮겼다는 기록도 남아 있답니다.

당신 꼴이 그게 뭐요? 세수도 않고 목욕도 안 하시오?

댁도 별반 다를 게 없구먼. 로마의 공기가 빨리 좋아져야 할 텐데…….

온실 효과가 나쁜 것인가요?

방송이나 신문을 통해 자주 듣게 되는 보도 가운데 이런 이야기가 있어요.

> 온실 효과에 의한 지구 온난화 현상으로 지구는 계속 더워지고 있습니다. 이러한 영향으로 지구는 매년 여러 곳에서 기상 이변이 속출하고 있고, 이대로 간다면 지구의 빙하는 모두 녹아 대부분의 도시가 물에 잠기게 될 것입니다.

온실 안은 내부로 들어온 열이 바깥으로 모두 나가지 못해 온실 밖보다 온도가 높아요. 즉, '온실 효과'는 지구를 둘러싸고 있는 대기가 온실 역할을 하는 것을 말하지요.

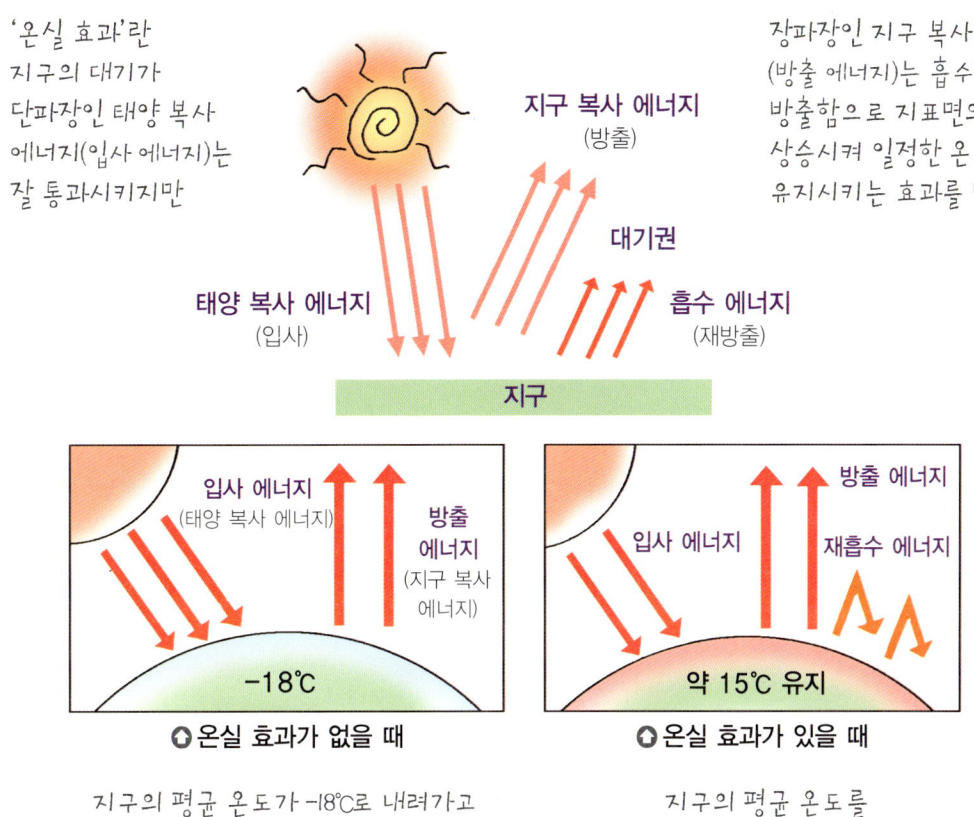

사실 지구 온난화 현상에 대해 걱정을 하는 사람들이 많지만 거의 속수무책으로 방관만 하고 있는 것도 사실이에요.

그런데 요즘 들어 유난히 온실 효과가 문제가 되는 이유는 무엇일까요?

우리가 걱정하는 것은 현대 산업 사회로 들어오면서 사람들이 지하의 화석 연료인 석유와 석탄을 많이 사용한다는 점이에요.

이때 생성된 대기 중의 이산화탄소에 의해 온실 효과가 증폭되는 것이고, 지구의 기온은 현재보다 상승하게 되지요. 지구의 기온이 현재보다 상승하는 게 문제이지 온실 효과 자체가 나쁜 것은 아니랍니다.

지구가 열을 받아 울긋불긋한다고요?

이러한 지구의 온도 상승의 주된 원인은 이산화탄소, 메탄가스 등의 온실 기체 때문이지요.

한센이라는 미국의 기상학자는 1860년 이후의 세계 기온 관측 자료를 분석해 1860년에는 연평균 지구 기온이 14.4℃였는데 2000년에는 15.4℃로 올라가 있음을 발견해 냈어요.

2000년을 기준으로 보면 2007년 지구의 온도는 1℃ 더 올라간 상태예요. '애개, 그 정도쯤이야.' 라고 생각할지 모르지만, 이것은 가벼운 문제가 아니에요. 앞으로 지구 기온이 계속 상승한다면 이상 기온 현상이 곳곳에서 생겨날 것이기 때문이지요.

세계 기상 통계청에 의하면, 유럽과 중동 지역은 오래 전부터 이상 기온 현상이 나타났대요. 얼마 전에는 갑작스럽게 살인적인 무더위가 기승을 부려 스페인, 영국, 프랑스에서 사망자가 2만 명이나 발생했지

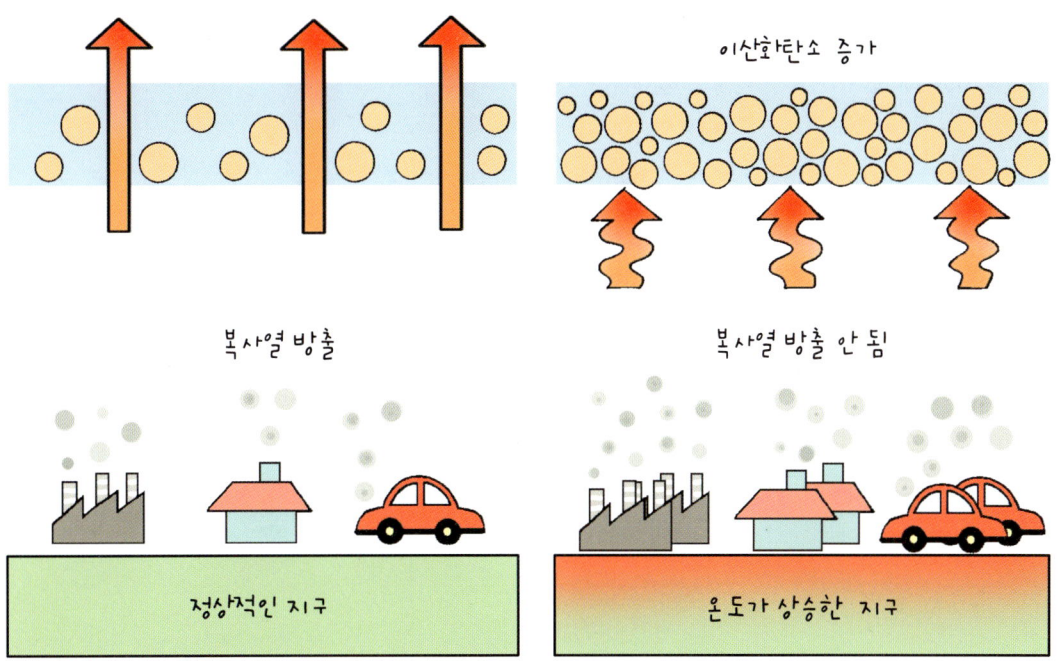

대기에 온실 기체가 증가하면 복사열 방출이 잘 되지 않아 온실 효과가 크게 올라가요.

지구의 평균 온도가 상승했기 때문에 지구의 북반구는 삼복더위, 남반구에서는 살인적인 한파가 몰아닥치는 것이랍니다.

요. 이와 반대로 지구촌 다른 쪽 러시아에서는 영하 45℃의 엄청난 혹한이 닥쳐왔어요. 파키스탄, 네팔, 방글라데시에서는 한파로 수백 명이 얼어 죽은 일도 발생했어요.

우리나라의 평균 온도도 1.5℃나 올라가 있어요. 만약 온도가 이처럼 계속 상승하면 우리나라 기후는 온대에서 아열대 기후로 변할지도 몰라요.

세계의 여러 학자들은 환경 보호를 생각하지 않아 지구가 계속 열을 받는다면 인류에 큰 재앙이 닥칠 것이라고 경고하고 있답니다.

지구에 사악한 쌍둥이 남매가 있다고요?

동태평양 지역은 평소에는 서태평양보다 수온이 낮아요. 그런데 더운 바람이 불어오면 바닷물이 데워져 해류의 방향이 바뀌는데 이게 바로 '엘니뇨 현상'이에요.

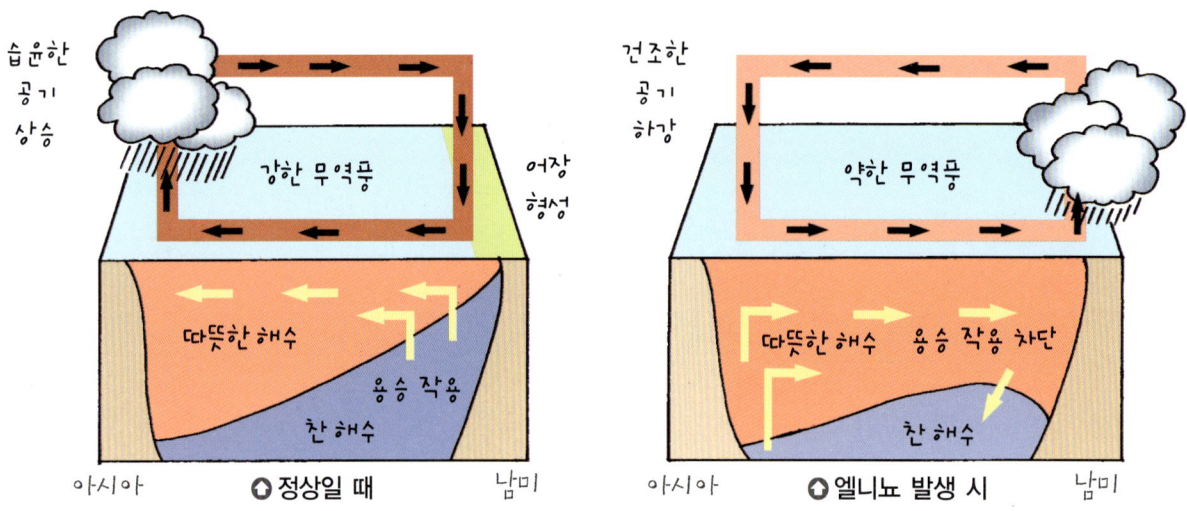

남아메리카 페루의 어민들은 크리스마스 시즌이 되면 신바람이 나요. 그때쯤이면 페루와 에콰도르 국경 지대에 따뜻한 바람이 불어오는데, 따뜻해진 바닷물을 찾아 고기 떼들이 몰려들기 때문이지요. 어민들은 이 따뜻한 바람을 하늘이 보내 준 크리스마스 선물이라고 생각한대요. 그래서 스페인 어로 '아기 예수'라는 뜻을 가진 '엘니뇨'라는 이름을 붙였답니다.

그런데 엘니뇨 현상이 페루가 아닌 다른 지역에서 일어나면 홍수를 비롯해 아주 심각한 문제를 유발합니다. 1950년부터 1996년 사이 열두 차례나 엘니뇨 현상이 세계 각지에서 일어났어요.

엘니뇨에게는 '라니냐'라는 여동생이 하나 있어요. 라니냐는 엘니

엘니뇨에 의한 피해로 가장 큰 것은 홍수와 가뭄이에요.

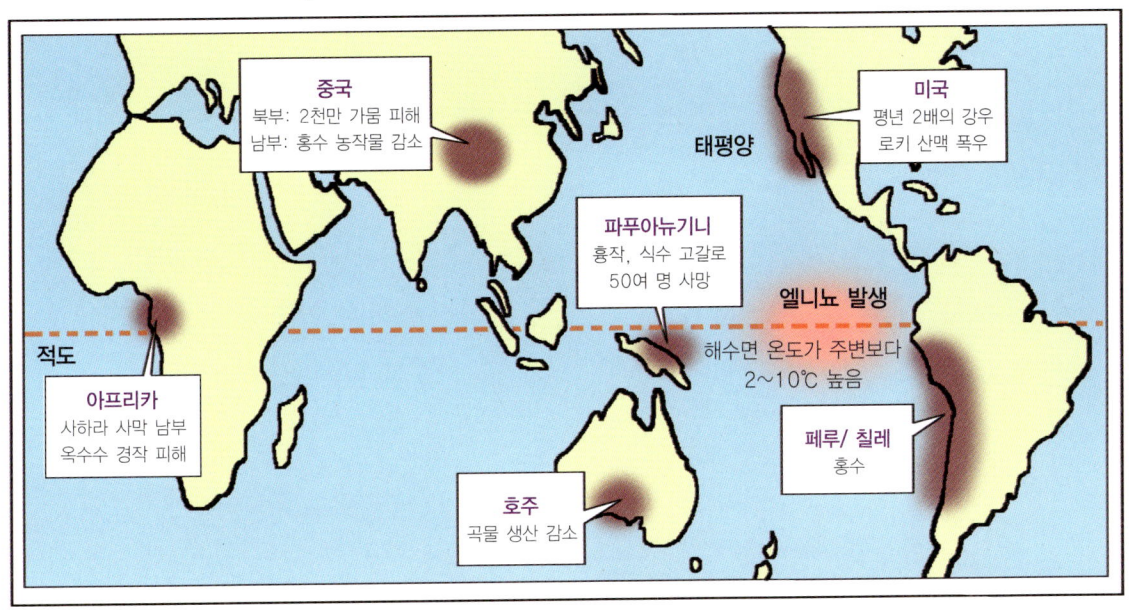

◎ 엘니뇨로 인한 기상 이변과 피해

뇨와 반대되는 현상으로서 동태평양의 수온이 차가워지는 현상이지요. 라니냐 현상이 일어나면 지구 곳곳에 혹한과 함께 극심한 가뭄이 일어난답니다.

◎ 극심한 가뭄

'라니냐'는 스페인 어로 '여자아이'란 뜻이에요. 엘니뇨와는 반대로 가뭄과 살인적 한파가 몰아닥치게 돼요.

◎ 살인적인 한파

남극 하늘 오존층이 뻥 뚫려 있다고요?

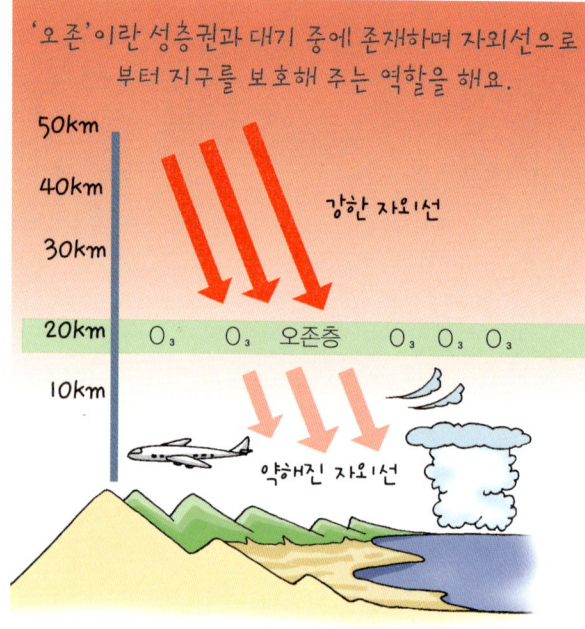

❶ 성층권 안의 산소 분자가 자외선을 받으면 두 개의 산소 원자로 나뉘어요.

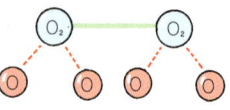

❷ 이 원자 상태의 산소는 분자 상태의 산소(O_2)와 재결합해 오존(O_3)을 생성하는 것이에요.

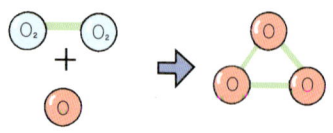

❸ 이렇게 생성된 오존(O_3)은 생성과 파괴 과정을 거듭하며 우리를 보호해 주는 것이에요.

O ➡ 산소 원자
O_2 ➡ 산소 분자
O_3 ➡ 오존

 1985년, 남극을 관측하던 한 과학자가 남극 하늘의 오존층이 절반가량 뻥 뚫려 있는 것을 발견했어요. 뻥 뚫린 구멍은 남한 면적의 323배의 크기였지요.

 지상으로부터 약 25km 높이의 상공을 '성층권'이라고 부르는데, 이 성층권에는 오존층이 들어 있어요. 이 오존층은 동식물의 성장에 지장을 주는 해로운 자외선을 흡수해 걸러 주는 역할을 해요. 그런데 강한 햇빛을 막아 주는 창호지 역할을 하던 오존층에 큰 구멍이 난 것이랍니다.

 오존층이 파괴되면 자외선 앞에 알몸을 송두리째 내놓는 결과와 같아요. 이런 상황은 아주 위험하지요.

 그렇다면, 이 오존층은 왜 파

괴되었을까요? 그것은 바로 지상에서 배출된 유해 가스 때문이에요. 사람들이 대기 중에 방출시킨 프레온이나 할론 때문에 파괴되지요.

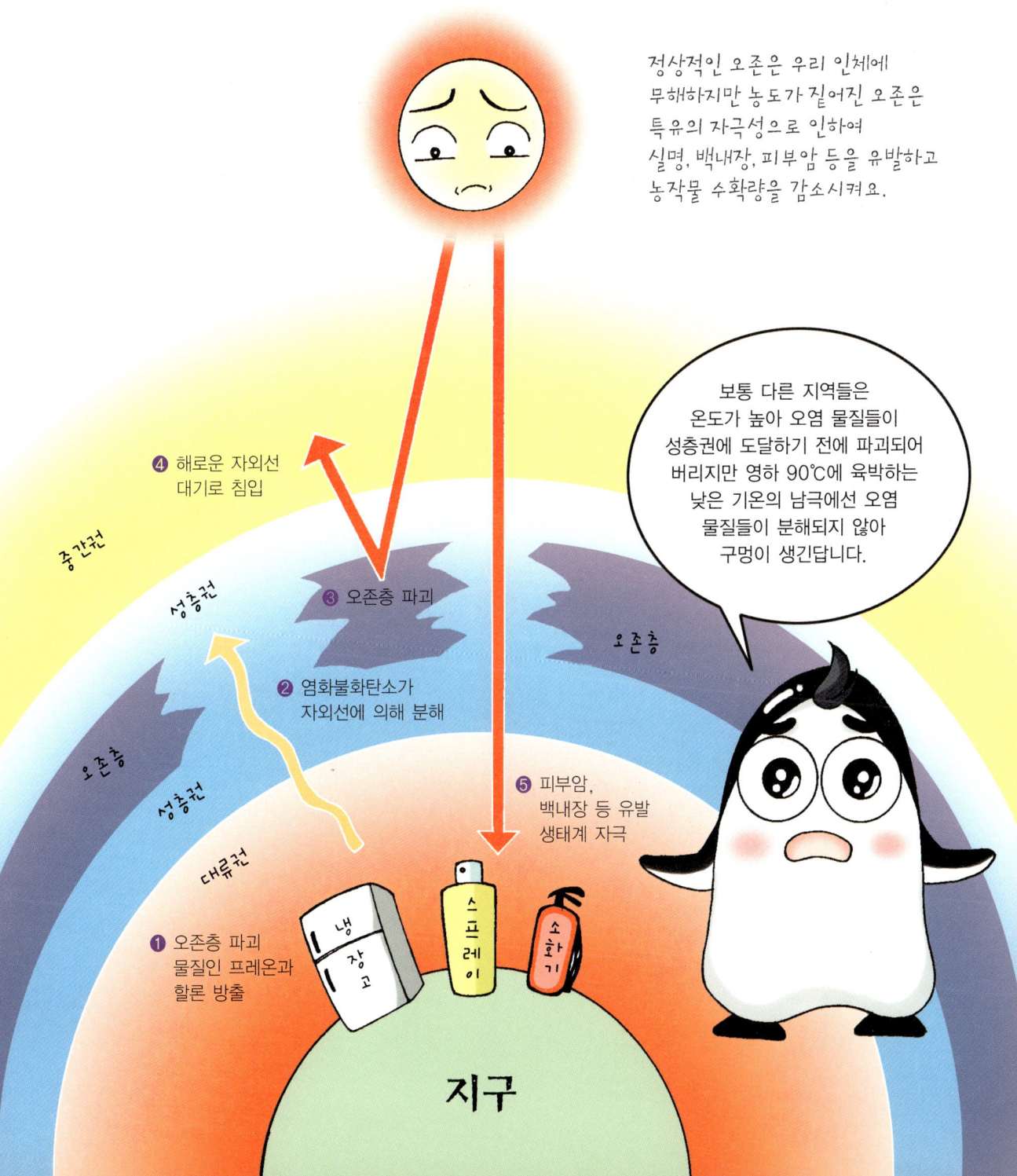

하늘에서 내려오는 귀신 비가 있다고요?

중국 사람들은 산성비를 '공중에서 내려오는 귀신' 이라고 해서 '공중귀신' 이라 부른대요.

피해야지.

◐ 부식되고 있는 자유의 여신상

◐ 부식되고 있는 파르테논 신전

'귀신' 하면 여러분은 무슨 생각이 드나요? 우선 무섭다는 생각부터 나지요? 그런데 '하늘에서 내려오는 귀신 비' 라면 어때요? 더욱 무섭지 않나요?

산성비는 토양을 산성화로 만들어 농작물의 수확량을 감소시켜요. 또한 그리스의 파르테논 신전 같은 역사 유적을 급속하게 부식시키고 있지요. 미국의 자유의 여신상도 그 피해를 입은 것으로 밝혀졌답니다.

산성비의 원인은 자연 발생과 인간 활동에 의한 생성으로 구분돼요.

◆ 자연적인 경우

◆ 인간 활동에 의한 경우

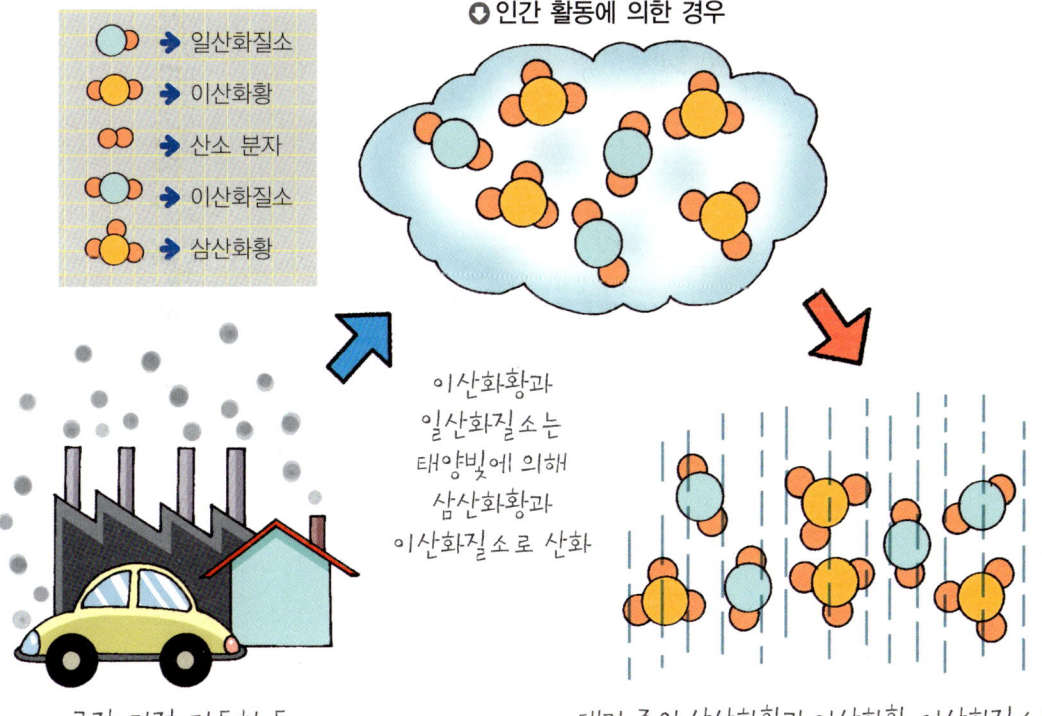

매연 때문에 4,000명이 떼죽음을 당했다고요?

영국 국왕 에드워드 1세는 석탄 사용을 금하고 대신 나무 연료를 사용할 것을 권장했어요. 석탄 사용으로 비롯된 메케한 유독 가스가 런던 시내를 뒤덮고 있었거든요. 에드워드 1세는 명령을 어기고 석탄을 땐 사람을 본보기로 사형에 처하기도 했지요.

1952년, 날씨가 갑자기 추워지자 사람들은 난방용 석탄을 밤새도록 때기 시작했는데, 집집마다 때는 석탄에서 나온 매연이 도시를 덮은 거예요. 당시 런던의 날씨는 무척이나 추웠어요. 그런데 기온이 더 내려가자 사람들은 석탄 소비량을 또 늘려가기 시작했지요. 자연히 매연 배출량도 증가했답니다.

↑ 영국 국왕 에드워드 1세

　1952년 12월 5일부터 12월 9일까지 무려 닷새 동안 런던은 평소의 2배에 달하는 매연에 덮여 있었어요. 게다가 잔뜩 안개까지 기승을 부려 100m 앞을 내다볼 수가 없었지요. 석탄에서 나오는 아황산가스는 안개와 합쳐져 스모그로 변했고, 그 스모그는 지상에 낮게 내려앉았답니다.

　스모그는 주로 노인, 어린이, 환자 등 허약한 사람들에게 엄습했어요. 닷새 동안 무려 4,000여 명의 호흡기 질환 환자를 사망시켰지요. 그런데 그게 끝이 아니에요. 후유증으로 인해 사망자가 8,000여 명 더 늘어나 총사망자는 12,000여 명에 달했답니다.

L.A 스모그 사건은 어떤 사건이에요?

1943년부터 미국의 L.A(로스앤젤레스)는 눈을 따갑게 하고 눈물이 나게 하는 누런빛의 안개 현상이 나타나기 시작했어요. 사람들은 처음에 이것을 런던 스모그처럼 석탄과 유류를 태울 때 발생하는 이산화황으로 생각했지요. 그런데 이 누런빛의 갈색 안개는 자동차에서 배출되는 배기가스가 강렬한 태양빛을 받아 만들어진 광화학 스모그라는 사실이 뒤늦게 밝혀졌답니다.

런던 스모그가 겨울날 아침 춥고 습도가 높을 때 나타난다면, 로스앤젤레스 스모그는 기온이 높은 화창한 날 습도가 낮은 상태에서 발생했어요.

L.A에서 발생한 스모그는 런던 스모그와 다르게 자동차 배기가스가 주원인이었어요.

◐ 광화학 스모그

주로 자동차 배기가스에서 나오는 질소산화물이 햇빛(자외선)에 화학 반응을 일으켜 맑은 날에도 뿌옇게 되는 스모그를 말해요.

발생 온도	24~32°C
계절	여름(8~9월)
색깔	연한 갈색
주 오염원	석유 연료(자동차)
주 오염 성분	질소산화물, 옥시던트, 탄화수소, 오존 등.
피해	- 건축물의 손상 - 고무 제품 손상 - 눈, 코, 기도의 점막 자극 등.

○ L.A 스모그

식물에 미치는 영향
식물의 기공을 통해 식물 잎으로 들어가 식물 세포 대사를 방해함.

인체에 미치는 영향
눈, 코 및 목의 자극, 기침, 두통, 폐 기능 장애, 인두염, 적혈구 변화 등을 일으킴.

물질에 미치는 영향
페인트, 탄성체, 직물 섬유, 염료 등을 산화시킴.

잎 위에 점각 및 반점이 나타남.

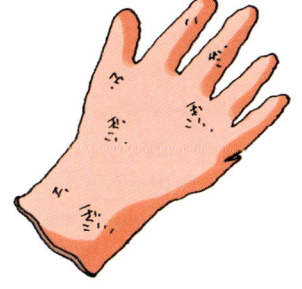

고무 제품의 노화

서울에서도 최근에 스모그가 나타났는데, 겨울에는 런던 형 스모그, 여름에는 로스앤젤레스 형 스모그를 볼 수 있어요.

공기 오염 측정에 이용되는 순찰병은 누구예요?

인간은 옛날부터 지하 수백 미터가 넘는 탄광에서 광부들이 활동할 수 있는지 없는지 시험해 보려고 새를 이용했어요. 날짐승을 지하 갱도(광산에서, 갱 안에 뚫어 놓은 길)로 날려 보내고 나서, 만약 살아 돌아오면 안전한 공기 상태를 유지하고 있다는 것을 알아낼 수 있었지요. 바로 이 새의 이름이 '카나리아'랍니다.

◐ 카나리아를 든 19세기 광부

'카나리아'는 아름다운 목소리를 가졌지만 성대가 민감해 눈에 보이지 않는 독가스가 발견되면 목소리를 잃고 죽는다고 해요.

그래서 19세기의 미국과 영국의 광부들에게는 카나리아가 필수 장비였지요. 갱 내에 퍼졌을지도 모르는 무색무취의 유독 가스 유무를 간단하게 알려 주었답니다. 덕분에 많은 광부들의 목숨을 구할 수 있었고요.

◐ 19세기 석탄 광산에서 유독 가스 탐지용으로 쓰이던 카나리아

또 땅 위의 공기가 오염됐는지 알아보는 데 쓰는 식물도 있어요. 바로 이끼이지요. 강원도 탄광 지역을 비롯해 서울 근교의 산에는 거의 이끼가 살지 않는대요. 매연 때문에 이끼가 죽어 버린 것이지요. 이끼는 공기 오염에 가장 약한 식물이랍니다.

새들이 하늘에서 적신호를 보내고 있나요?

멕시코의 수도는 멕시코시티예요. 이 도시는 해발 2,240m의 분지에 세워진 도시이지요.

그런데 멕시코시티는 자동차도 많고 공장도 많아 매연이 심해요. 3만 5000여 개의 공장이 굴뚝을 내밀고 사시사철 연기를 뿜어대지요. 이 도시가 배출하는 중금속 섞인 먼지는 하루 40톤이나 되는데, 그 먼지가 도시 상공에 갇혀 나가지 못하고 공기 속에 머물며 떠다니고 있답니다.

1987년, 멕시코시티 상공에서 수천 마리의 새가 떨어져 죽은 일이 발생했어요. 새들이 도저히 살 수 없다는 경고를 사람들에게 보낸 것이지요.

멕시코시티 시민들 역시 두통, 무기력, 불면증, 구토증과 같은 증상에 시달리고 있었어요. 세계 보건 기구(WHO)에서는 멕시코시티 시민들은 아기에게 모유를 먹이지 말라고 경고했지요. 중금속에 중독된 엄마들이 아기에게 젖을 물린다는 것은 너무나 위험한 일이었으니까요.

멕시코시티에서는 생명력이 강하고 번식력이 강한 비둘기도 살지 못한대요. 새장에 비둘기를 가둬 놓고 관찰했는데, 2시간 안에 모두 죽었답니다.

'먼로바람'이 뭐예요?

고층 건물들이 늘어나면서 건물 주변에서 발생하는 바람이 건강에 좋지 않은 환경을 만들고 있다는 사실을 알고 있나요? 이 바람은 상공 풍속보다는 약하지만, 지상의 바람보다는 훨씬 속도가 빨라 돌풍을 동반하지요. 밀물 썰물의 해수나 하천 유수도 좁은 곳을 지나면 속도가 빨라지듯이 바람도 빌딩 사이 좁은 공간에 갇혀 있으면 빨라질 수 있답니다.

공기가 유입되는 공간 폭과 유출되는 공간 폭의 차이로 인한 바람부터 소용돌이 형태의 바람 등이 있어요.

지상 150m 이상의 빌딩이 세워지면 상공에서는 일정한 방향으로 바람이 불고 있어도 아래쪽에서는 바람이 빌딩 주위에서 소용돌이치고 급강하하거나 풍속이 2배 이상으로 빨라지기도 해요.

먼로바람은 대기 환경에 중대한 영향을 미쳐요. 강한 바람이 불면 많은 먼지를 발생시켜 호흡 곤란을 겪게 하고, 약한 바람이 불면 오염 물질의 확산이 잘 이뤄지지 않아 오염 물질이 주택 지역으로 더 깊이 침투하게 되지요.

전문가들은 계속 100층 내외의 초고층 건물이 들어설 경우 피해가 더욱 심해질 거라고 지적하고 있어요.

도시에 있는 뜨거운 섬과 차가운 섬이 뭐예요?

도심의 연평균 온도는 농촌 지역보다 2~3℃ 높아요. 특히 밤에는 기온 차이가 더 심해 여름에 밤이 되어도 기온이 내려가지 않는, 이른바 '열대야 현상'이 나타나기도 하지요.

서울의 경우, 전체 면적의 50%가 아스팔트로 덮여 있어요. 콘크리트와 아스팔트로 뒤덮여 있는 도심은 녹지가 많은 인근 지역에 비해 태양열에 쉽게 달궈지고 공장, 주택, 자동차, 에어컨 등이 발생시킨 많은 열이 합쳐져 높은 온도를 형성하게 되지요. 그 열을 다시 상공으로 내뿜을 수가 없어 생기는 무더위 현상을 '열섬'이라고 부른답니다.

우리나라에서 가장 더운 도시로 소문난 대구에서는 열섬을 줄이려고 300만 그루 나무 심기 운동을 벌이고 있어요. 녹지가 열을 식히는 냉각제 기능을 하기 때문이지요.

창덕궁, 창경궁, 종묘 등 녹지가 많은 지역은 다른 지역에 비해 상대적으로 기온이 낮게 나타나는데, 그만큼 녹지가 도시의 열섬을 예

44

도시의 열섬 현상은 일차적으로 콘크리트 빌딩의 밀집과 아스팔트 도로 때문에 생기는데 여기에 자동차 배기가스가 열섬 현상을 부채질하게 되는 것이에요.

이러한 열섬 현상이 나타날 경우 도심의 하늘을 뜨거운 공기가 뚜껑처럼 덮고 있어 공기가 정체되는데 이는 도심 주변 상공의 찬 공기에 눌려 더운 공기가 움직이기 어렵기 때문이래요.

도심에 모여 있는 높은 기온의 열이 마치 섬 같은 모양을 하고 있다고 해서 '열섬'이라는 이름이 붙여졌어요.

◐ 정상적인 공기 순환   ◐ 열섬 현상

방한다는 것을 알 수 있어요. 이렇듯 도심의 다른 지역보다 기온이 낮게 나타나는 지역을 '냉섬'이라 하는데, 열섬과 반대되는 현상을 말하지요.

최근 청계천의 복원으로 주변 지역은 복원 전보다 기온이 13℃ 낮아지면서 열섬 현상이 약화되었답니다.

실내 공기는 왜 더러워질까요?

사람은 하루 생활의 3분의 2 이상을 실내에서 보내요. 자동차, 버스, 지하철을 이용해 학교에 가고 교실에서 수업을 듣다가 저녁 때는 학원에 가거나 친구들과 어울리다가 집으로 돌아오지요. 버스, 지하철, 학교, 사무실, 음식점 등 우리가 생활하는 곳은 모두 실내예요. 그

실내 공기가 더러워지는 것!

첫째, 산업화와 자동차 증가로 인한 대기 오염
둘째, 생활 방식 변화로 인한 건축자재의 다양화
셋째, 에너지 절약으로 인한 건물의 밀폐화
넷째, 토지의 유한성과 건설 기술의 발달로 인한 실내 공간 이용의 증가 등을 들 수 있어요.

욕실
공기 정화제, 세탁제, 기타 세수용품, 하수도, 가스 누수 등

바닥재
잠재적인 세균과 화학적 저장소

침실
과도한 습기, 가습기의 열, 침구의 진드기 등

우리 가정의 공기 오염원
인조 가죽 소파, 천연 물질로 된 비닐 장판, 플라스틱 장난감, 담배 연기, 카페트 먼지, 비듬, 조리 시 발생하는 음식 냄새, 컴퓨터 전자파, 가습기, 욕조 곰팡이, 애완동물의 털, 살충제 등.

가장 이상적인 실내 환경은 실내에 거주하는 사람이 최대한 쾌적한 기분을 느낄 수 있는 환경이에요. 오염된 실내 공기를 쾌적한 실내 공기로 만들기 위해서는

오염원의 제거(감소), 환기 개선, 공기 청정 시스템의 적용 등을 통해서 청정 환경을 재조성할 수 있어요.

오염원의 제거 (감소)

오염 물질의 배출을 줄이거나 개별적인 오염원을 제거하는 것

환기 개선

실내로 들어오는 외부 공기의 양을 증가시켜 실내 공기 오염 물질의 농도를 낮추는 방법

공기 청정 시스템의 적용

쾌적한 실내 환경을 유지할 수 있는 가장 효과적인 방법으로 먼지 등의 오염 물질을 제거해 줌으로써 지속적인 환기의 효과를 얻을 수 있다.

1시간 기준의 장소별 환기 횟수

● 거실 1~3회

● 침실 1~2회

● 교실 6회

● 사무실 6~10회

이 외에도 도서관 8회, 극장 5~8회, 식당 6~10회 등 사람이 많은 곳일수록 환기가 필요해요.

래서 실내 공기는 무엇보다 중요하지요.

우리는 알게 모르게 실내에서 두통, 현기증, 재채기, 코막힘, 만성 무력증을 느낄 때가 많아요. 그런데 그 이유가 실내의 오염 때문일 수도 있지요. 실내의 오염된 공기는 어린이들에게 더욱 민감하답니다.

실내 공기를 깨끗이 유지하려면 적절한 환기를 해 주는 게 우리가 지금 할 수 있는 손쉬운 방법이에요.

메케한 공기를 만드는 주범은 누구예요?

여기서도 빵빵! 저기서도 빵빵! 우리 주변에는 자동차가 많아요. 숫자가 많은 만큼 매연 발생도 많아져 대기 오염이 심각한 상태이지요.

1886년, 독일의 벤츠가 세계 최초로 시속 15km로 달릴 수 있는 휘발유 자동차를 발명해 첫선을 보였어요. 그로부터 지금까지 자동차는 발전을 거듭했고, 오늘날 자동차는 우리 생활에 꼭 필요한 교통수단이 되었지요.

그러나 자동차로 인한 대기 오염 물질이 전체 대기 오염 물질 배출량의 77.2%를 차지하고 있어요. 특히 자동차에서 내뿜은 배기가스는 우리가 숨 쉬는 공기를 오염시켜 사람의 건강을 해치고, 자동차가 빠른 속도로 달릴 때 발생하는 소음과 진동은 도로 주변에서 생활하는 사람들에게 많은 불편을 주지요.

◐ 1886년 최초의 벤츠

◐ 2008년형 벤츠

2장
생명의 근원인 물

물은 인간이 생활하는 데 있어서 가장 필요한 물질 중의 하나예요.
사람은 매일 2~3L의 물을 마시고 있어 예부터
깨끗한 물을 확보하는 것은 매우 중요한 일이었지요.
예전에는 주변의 어떤 물이든 바로 마실 수 있었으나 인구가
증가하고 산업이 발달하면서 각종 생활하수와 폐수가 식수원인
하천을 오염시켰답니다.

물은 반드시 끓여 먹어야 하나요? 중에서

인류 문명은 강을 따라 존재해 왔나요?

인류 문명은 강을 따라 존재해 왔고, 물이 중심이 되어 문화가 발달하였어요. 그리고 인간이 강으로부터 받은 가장 위대한 선물은 바로 문명의 탄생입니다. 강은 문명의 산실이며, 강에 의해 탄생한 문명은 다시 강이라는 젖줄에 의해서 성장하고 발전했답니다.

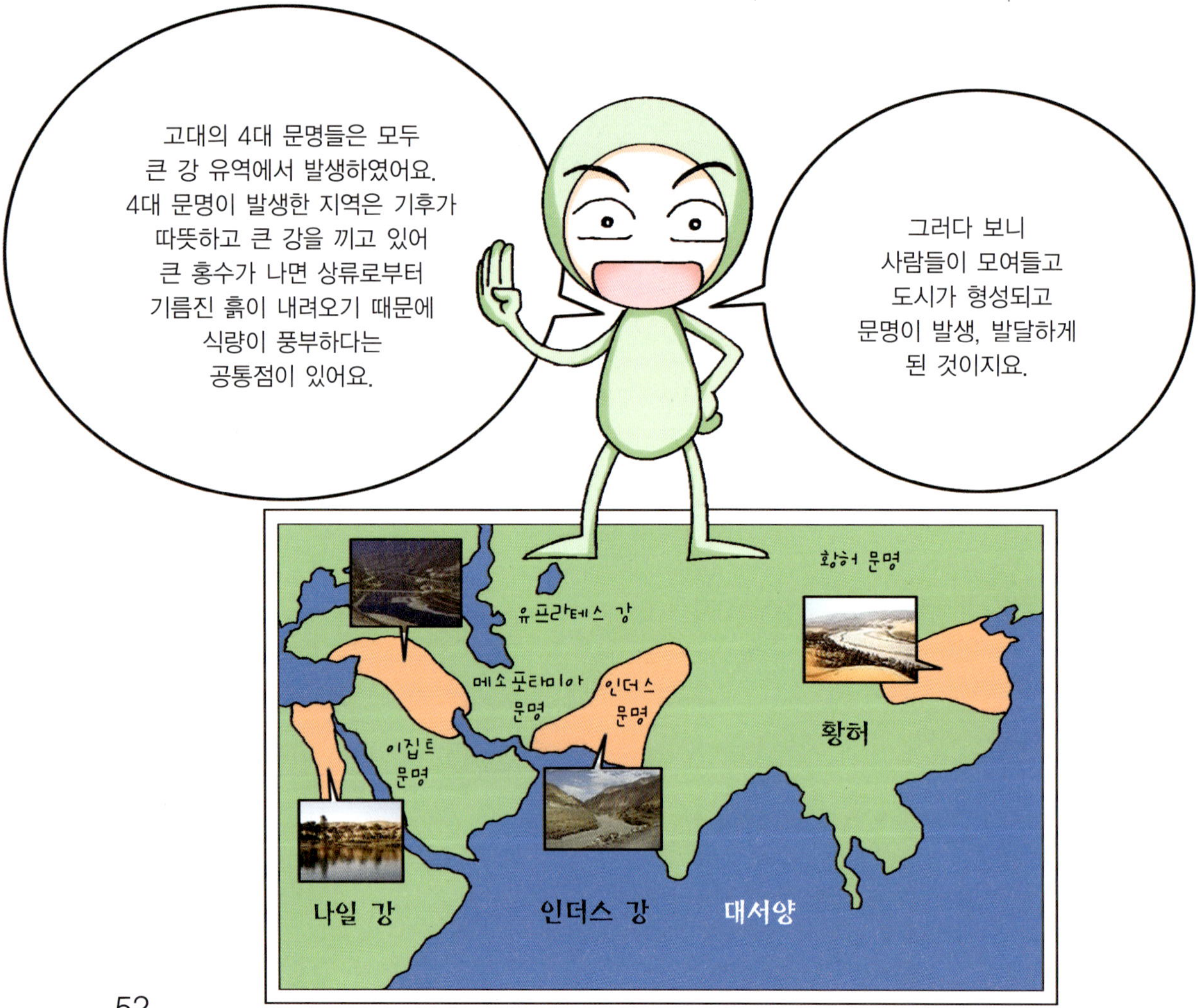

고대의 4대 문명들은 모두 큰 강 유역에서 발생하였어요. 4대 문명이 발생한 지역은 기후가 따뜻하고 큰 강을 끼고 있어 큰 홍수가 나면 상류로부터 기름진 흙이 내려오기 때문에 식량이 풍부하다는 공통점이 있어요.

그러다 보니 사람들이 모여들고 도시가 형성되고 문명이 발생, 발달하게 된 것이지요.

↑ 고대 4대 문명 발상지

인류 문명의 4대 발상지인 이집트는 나일 강의 하류에, 그리고 인더스 문명은 인도 서북쪽의 인더스 강 유역에서 발달하였고, 메소포타미아 문명은 '두 강(티그리스 강과 유프라테스 강) 사이에 있는 땅'이라는 뜻의 메소포타미아 평원에서 시작되지요. 사람들은 강을 따라 여러 곳에 마을을 이루었고, 논이나 밭 등 작물을 재배, 생산하는 농경지를 만늘거나 둑을 쌓고 저수지를 만들었어요. 또한, 우리나라는 낙동강과 한강이 한민족 문화의 발상지이자 산업 발달의 원동력이 되었어요.

이렇듯 인류의 문명은 물을 잘 이용할 수 있는 곳에서 시작됐고, 문화의 꽃을 피워 왔으나, 21세기를 맞아 암초에 걸려 뒤뚱거리고 있어요. 그것은 바로 지구의 모든 생명의 근원인 물이 심각한 환경오염으로 병들어 가고 있기 때문이지요.

세계는 지금 물이 부족하다고요?

　우리 옛말에 무엇인가를 아낌없이 흥청망청 써 버리는 것을 '물 쓰듯 한다.'라고 했어요. 본래 이 말은 물은 써도 써도 모자람이 없을 만큼 흔하다고 해서 사용되었던 건데, 이제는 그렇지 않아요. 봄철만 되면 여기저기서 물이 부족하다고 아우성을 치고, 물이 모자라 급수차로 물을 실어 나르고, 시간을 정해 물을 공급하는 곳이 늘고 있거든요.

　물의 부족으로 생기는 손실은 한 해에 2~4조 원 이상 된대요. 하지만, 그것보다 심각한 문제는 갈수록 물의 부족이 더 심해질 것이라는 거예요.

　세계 각국에서는 이미 물의 소중함을 강조하고 있어요. 핀란드에서는 깨끗하고 좋은 물을 '가장 오래된 약'이라고 하며, 스위스에서는

◯ 정수장

아프리카와 중동 등지에서도 이미 약 3억 명 이상이 물 부족을 겪고 있으며 2050년이 되면 전 세계 인구의 2/3가 물 부족 사태에 직면할 것이라고 해요.

전 세계에서 약 12억 명이 깨끗한 물을 마시지 못하고 있으며 매년 500만~1,000만 명이 수인성 전염병으로 목숨을 잃고 있답니다.

'생명', 그리스 철학과 신학에서는 '여자의 영혼이자 생명체의 어머니'라고 해요. 세계 보건 기구(WHO)에 따르면, 현재 인간에게 발생하는 질병의 80%가 물과 관련돼 있대요.

인체의 70%는 물로 이뤄져 있어요. 인간은 물을 떠나서는 잠시도 살 수 없지요. 물은 생명의 근원이자 바로 생명 그 자체랍니다. 깨끗한 물이 얼마나 중요한지 이제 알겠지요?

우리 몸에 수분이 부족하면 세포의 신진대사가 원활히 이루어지지 않아 몸속의 노폐물과 독소가 쌓이게 되어 각종 질병의 원인이 된답니다.

하루에 2L의 물은 필수! 홀짝 홀짝 자주 마시기.

바닷물의 높이가 왜 자꾸 올라가나요?

환경오염으로 기후 변화가 일어나고 빙하가 서서히 녹고 있다는 이야기를 들어 본 적이 있을 거예요.

어떤 사람은 지구의 빙하가 다 녹으면 해수면이 지금보다 60m 이상 높아질 거라고 말해요. 60m라면 20층 아파트 높이 정도인데……. 바닷물이 20층 아파트만큼 차오른다면 우리가 사는 육지가 바닷물에 잠기는 사태가 벌어지겠지요. 하지만, 과학자들은 해수면이 1m 상승한다고 가정할 경우 침수되는 육지의 면적은 3%쯤 될 거라고 말하고 있답니다.

그러나 3%만으로도 지구는 상상할 수 없는 피해를 입어요. 그 3% 침수 지역에 사는 사람들은 생활 터전을 잃게 되지요.

> 바닷물의 높이가 높아지는 현상을 '해수면 상승'이라고 불러요.

> 최근 30년 동안 북극에선 가장 큰 빙산이 사라져 버렸어! 나도 언제 사라질 지 몰라.

> 얼마 전까지만 해도 저 밑이 내 놀이터였는데…….

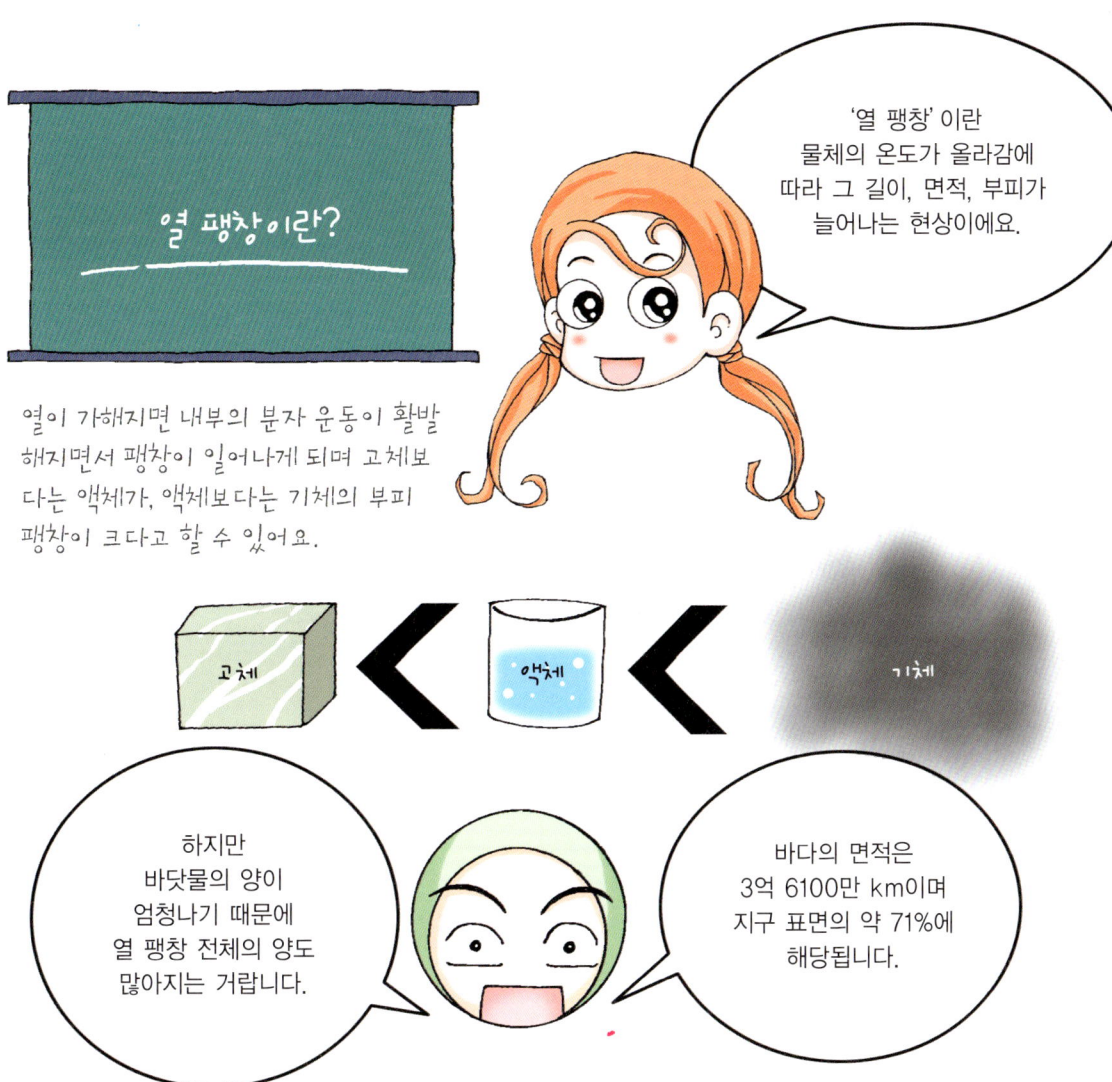

특히 섬나라와 해안 도시, 항구 도시, 자메이카, 피지, 쿠바, 싱가포르, 보르네오 섬 등이 피해를 입게 된답니다.

분명히 해수면 상승에 빙하가 영향을 주는 것은 사실이지만, 그보다는 바닷물의 열 팽창이 더 큰 영향을 끼쳐요.

우리나라 바다도 실제로 바닷물 높이가 올라가고 있어요. 제주시 바다 수위는 지난 43년 동안 21.9cm 상승했대요. 부산은 지난 34년간 7.8cm 정도 바닷물이 상승했고, 동해의 해수면도 최근 9년 동안 5.4cm나 높아졌지요.

이타이이타이병은 어떤 병이에요?

카드뮴은 금속의 부식을 막기 위한 도금이나 납땜을 할 때 이용되는 물질이에요.

또한 카드뮴은 지구 상에 존재하는 천연 원소로 공기, 물, 토양, 식품 등에 골고루 분포되어 있지만 자연적으로 존재하는 카드뮴의 양은 병을 일으킬 만큼 농도가 높지는 않다고 해요.

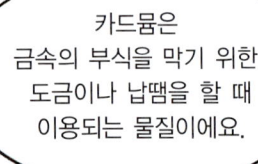

금속 광업소의 폐수에는 중금속의 하나인 카드뮴이 잔뜩 들어 있었어요. 이 독성 물질은 강물뿐만 아니라 마을을 오염시켰지요. 이후 카드뮴이 함유된 농산물, 식수 등을 먹은 사람들에게 이타이이타이병 증세가 나타나기 시작했어요.

'이타이이타이'라는 말은 일본어로, '아프다, 아프다.'라는 뜻이에요. 얼마나 고통스러운 병이기에 이타이이타이병이라는 이름을 붙였을까요?

1874년, 일본의 한 회사가 후지야마 현에 있는 광산 일부를 사들여 납과 아연을 제련하는 금속 광업소를 차렸어요. 이 금속 광업소는 강의 상류에 있었는데, 금속 광업소에서 나오는 폐수가 강을 타고 흘러내렸고, 어느 순간 강은 오염되

'이타이이타이병'은 카드뮴 중독으로 생기는 질병으로 신경 계통의 이상과 뼈가 약해지는 증상이 나타납니다.

기 시작했답니다.

　이타이이타이병의 증상은 1920년부터 나타나기 시작했어요. 사람들은 처음에 허리에 통증을 느끼기 시작했는데, 점차 등줄기와 사지 근육통, 관절통으로 이어졌어요. 그러다 뼈가 약해지는 골연화증이나 구멍이 나는 골다공증, 척추 골절로 발전해 뼈가 부러져 버렸답니다.

　일본 정부가 병의 원인을 알기 위해 조사에 들어간 것은 40년이 지난 1961년이었어요. 결과가 발표된 것은 1968년 5월이었지요.

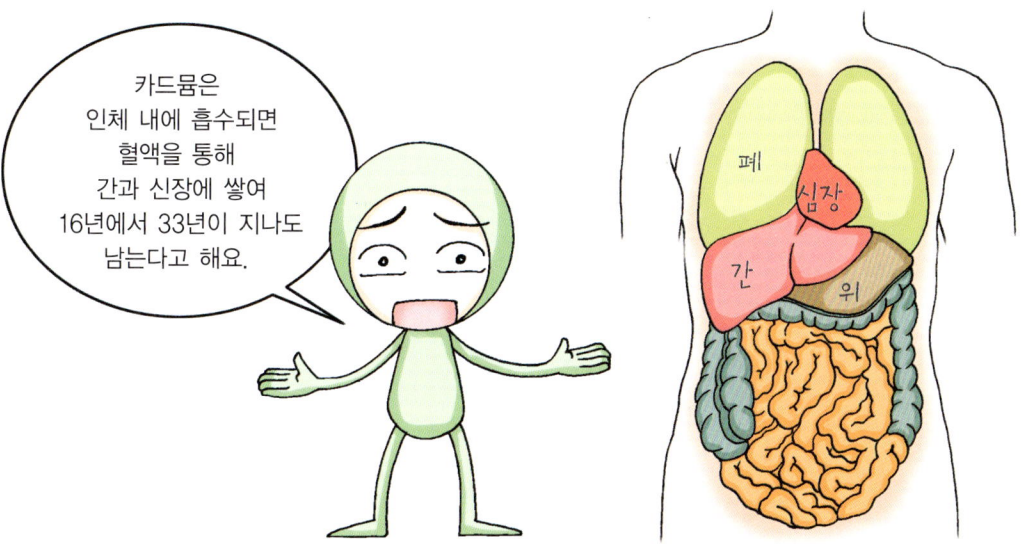

카드뮴에 중독되면 몸에서 칼슘이 빠져나가고 그로 인해 뼈에 칼슘 부족 현상이 일어나 골연화증과 골다공증이 발생해요.

특히 임신, 수유기에 있는 여성, 갱년기의 여성들이 증세가 심하고

키가 몇십 cm씩 줄어들거나

걸을 때마다 뼈가 부러질 수도 있다고 해요.

이름도 이상한 미나마타병은 증상이 어때요?

　1953년, 일본 남쪽 구마모토 지방의 조그마한 어촌 마을 미나마타에서 일어난 일이에요.

　바닷가를 날던 갈매기가 갑자기 날개의 균형을 잃고 기우뚱하더니 바다로 추락했어요. 고기를 낚아채기 위해 물 위로 내려가는 것이 아니라 그냥 맥없이 떨어져 죽은 채 떠오른 것이죠. 물고기가 바다 위로 허연 배를 내놓고 둥둥 떠오른 채 죽어 있는 모습도 발견됐어요.

　미나마타 지역에는 화학 물질을 생산하는 공장이 있었어요. 그런데 이 공장에서 화학 물질을 만들어 내는 과정에서 수은이 배출됐던 것이지요. 공장에서는 아무런 생각 없이 폐수에 수은을 섞어 떠내려 보냈던 거고요…….

'미나마타병'은 일본 구마모토 지방의 어촌 마을에서 일어난 수은 중독에 의해 생기는 만성신경질환으로 보행 장애, 언어 장애, 수족 마비, 시력 장애 등을 일으켜요.

일본의 미나마타 지역에는 화학 물질을 생산하는 공장이 있었어요. 그런데 이 공장에서 화학 물질을 만들어 내는 과정에서 수은이 배출됐던 것이지요. 공장에서는 아무런 생각 없이 폐수에 수은을 섞어 떠내려 보냈던 거예요.

◐ 수은 중독으로 떼죽음 당한 물고기

공장 폐수가 사람한테 영향을 미치기까지의 과정

❶ 공장 폐수에 섞여 흘러나온 수은이 바닷물로 들어감.

❷ 수은이 해초나 플랑크톤 같은 작은 바다 생물 몸속에 쌓여 감.

❸ 해초나 플랑크톤을 작은 물고기가 잡아먹음.

❹ 작은 물고기를 더 커다란 물고기가 잡아먹음.

❺ 사람이 더 큰 물고기를 잡아먹음.

1956년, 미나마타 지방 사람들에게 이상한 증상이 나타나기 시작했어요.

손발이 마비되거나 말을 할 수 없게 됐고, 망원경을 거꾸로 들여다보는 것 같이 시야가 좁아 드는 시력 장애 환자가 늘어 갔지요. 이 병은 가난한 어민들 사이에 급속도로 번져 갔답니다. 그러다 결국엔 미나마타 만에서 잡히는 물고기를 먹은 사람들은 대부분 병에 걸리고 말았어요.

미나마타병이 처음 발생했을 때에는 이 병이 무슨 병인지, 왜 생기는지 그 원인을 알 수 없었어요. 어떤 사람들은 하늘이 노했다고 열심히 기도를 드리기도 했지요. 총 668명의 어민이 원인도 모른 채 시름시름 앓다가 하나 둘 죽어 갔어요. 이 병은 미나마타 지역에서만 발생했기 때문에 사람들은 이 병을 '미나마타병'이라고 불렀답니다.

강물을 놓고 싸움을 하다가 전쟁까지 벌였다고요?

사자성어에 '아전인수'라는 말이 있어요. '자기 논에 물을 댄다.'는 뜻으로, 옆의 논물을 몰래 자기 논으로 흘러들게 하는 얌체 짓을 할 때, '아전인수 격이다.'라는 말을 쓰지요.

그런데 실제로 아전인수 격인 사건이 있었어요. 요한 슈트라우스의 왈츠로 유명한 푸른 다뉴브 강이 그 주인공이지요.

또 다른 이야기는 스위스에서 시작해 프랑스와 독일을 거쳐 북유럽 해안으로 흘러 들어가는 라인 강에 얽힌 이야기예요.

라인 강 최상류에 있는 스위스 바젤 지방에 있는 한 회사의 창고에

⊙ 다뉴브(도나우) 강

독일 남부의 산지에서 시작하여 체코, 헝가리, 오스트리아, 독일 등을 지나 흑해를 흘러드는 국제 하천이에요. 체코는 댐으로 강물을 막아 수력 발전소를 세워 이득을 보려 했던 거예요.

서 불이 나 화학 물질과 농약이 강 아래쪽으로 흘러 내려간 일이 있었어요. 그런데 화재가 난 틈을 이용해 독일의 많은 공장에서 미처 처리하지 못한 오염 물질을 슬며시 강물로 쏟아 버렸던 거예요.

나일 강에서도 강물에 대한 다툼이 있었어요. 나일 강은 에티오피아와 우간다, 수단, 이집트로 흐르는데, 강의 상류에 있는 에티오피아가 댐을 건설해 물줄기를 자기 나라로 끌어가려고 계획한 거예요. 하류에 있는 이집트가 가만히 있을 리 없지요. 이집트 대통령은 강물을 막을 경우 전쟁을 하겠다고 선포했답니다.

바다와 강을 뒤덮는 침입자는 누구예요?

바닷물 색이 붉게 변한 것을 본 적이 있나요? 바다가 붉은빛을 띠는 현상을 '적조'라고 해요. 육지에서 하천을 따라 흘러간 오염 물질 때문에 독성 해조류가 해안의 넓은 지역을 뒤덮어 붉은빛을 띠는 것이지요.

적조 발생 시 화학 약품의 살포가 한 가지 해결 방법으로 제시되고

○ 적조

적조 현상은 해수면의 온도가 15~20℃가 유지될 수 있는 여름철에 주로 발생하며 강 하구 부근의 연안과 같은 해수 교환이 적은 조용한 만에서 주로 나타나요.

우리나라 연안에서 적조를 일으키는 미생물

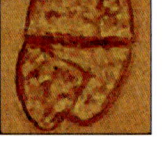

식물 플랑크톤의 이상 증식 때문에 바닷물의 색깔이 붉게 변하는 것

적조 생물들이 가지고 있는 붉은 색조가 바닷물의 색깔을 변하게 해요.

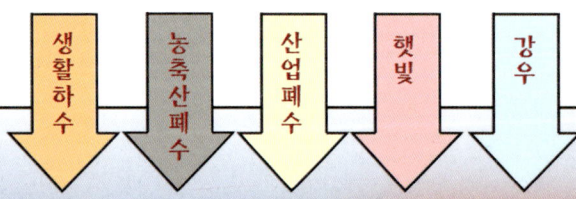

풍부한 유기물, 미량의 중금속, 질소, 인, 각종 비타민류

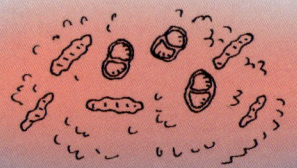

식물 플랑크톤 대번식

있으나 바다 속 다른 생물에 피해를 주므로 양식장 같은 곳에서만 조심스럽게 사용할 뿐 자연적으로 사라질 때까지 기다릴 수밖에 없어요. 다행스러운 것은 적조는 일주일에서 열흘 사이면 저절로 사라진대요.

녹조 현상의 주원인인 남조류(녹조류)

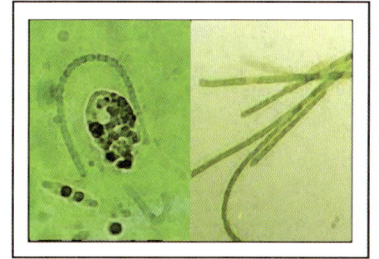

◐ 연주말(왼)
흔들말(오)

이와 반대로 '녹조' 현상은 물색이 녹색으로 변한다고 해 붙여진 이름이에요. 녹조 현상을 일으키는 원인은 대부분 푸른 플랑크톤인 남조류이지요. 플랑크톤은 수질 오염으로 생긴 질소와 인을 영양분으로 삼는데, 그래서 오염이 심해질수록 플랑크톤의 수가 늘어나게 된답니다.

◐ 녹조 현상

녹조 현상은 영양 염류(질산염과 인산염)의 증가로 남조류(녹조류)가 광합성을 통해 폭발적으로 증가하여 물의 표면을 녹색으로 덮는 현상이에요.

물에도 등급이 있나요?

물속엔 산소를 좋아하는 벌레가 살고 있는데 이 벌레는 물속에 있는 오염 물질을 분해하는 일을 해요.

그러니까 물에 오염 물질이 많을수록 벌레가 많아야 하고 벌레가 많으려면 물속에 산소가 풍부해야 하는데 이때 필요한 산소량(BOD)으로 물의 등급을 나눠요.

BOD : 생물학적 산소 요구량
= 일정량의 물(1L)속에서 필요로 하는 산소량
오염된 물일수록 BOD의 양이 높다고 해요.

⬆ 가장 깨끗하고 오염이 없는 물
BOD= 1PPM 이하

간단한 정수 과정을 거쳐 식수로 이용 가능

⬆ 비교적 맑고 깨끗한 물(수영 가능)
BOD= 1~3PPM 이하

절대 수돗물로 사용되지 않는 물

⬆ 수돗물로 사용이 어려운 황갈색의 탁한 물
BOD= 3~6PPM

주로 공업용, 농업용으로 사용

⬆ 먹물처럼 새까맣고 고약한 냄새가 나는 물
BOD= 6PPM 이상

절대 수돗물로 사용되지 않는 물

수돗물이 있기 전에 우리는 멀리 떨어진 계곡이나 우물에서 물을 길어와 먹는 물로 사용했어요.

그러나 이제 수돗물이 있어 이런 불편이 사라졌지요. 365일 언제나 상수도만 틀면 수돗물이 쏟아지니까요.

강에 흐르는 자연 상태의 물을 마실 수 있도록 하기 위해서는 오염 상태에 따라 일정한 수준의 정화 단계가 필요한데 이것이 이루어지는 곳이 바로 '정수장'이에요.

경기도 성남 정수장 ◐

축구장 예닐곱 개 면적의 정수장으로, 하루에 79만t의 물을 까다롭게 걸러 내고 수질 검사를 거친 뒤 수도권 남부 지역 주민에게 공급하고 있어요.

어린이들의 성적에만 등급이 있는 것이 아니라 물에도 등급이 있어요.

우리가 생활하는 데는 많은 양의 물이 필요해요. 1인당 하루에 380L의 물을 생활용수로 사용한다니 정말 어마어마한 양이지요.

깨끗한 물을 더럽히기는 쉽지만 더러운 물을 깨끗한 물로 바꾸기는 정말 어려워요. 여러 정화 과정을 거쳐야 하거든요. 이런 점을 기억해 물을 아껴 쓰고 환경을 생각하는 생활 습관을 가져야겠어요. 그렇다면, 깨끗한 1급수 물이 더욱 많아지지 않을까요?

물 순찰병으로 근무하는 물고기가 뭐예요?

'하수'란 생활에서 발생되는 배수의 총칭으로 생활하수,  공장 폐수, 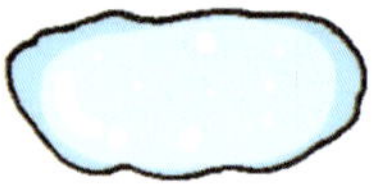 지하수,  빗물이 모인 것 등을 말해요.

○ 생활하수　○ 공장 폐수
○ 지하수　○ 빗물

생활하수나 공장 폐수 등으로 오염된 물을 자정 능력이 가능한 수준으로 정화하여 하천으로 방류시키는 일을 하는 곳이 하수 처리장이에요.

○ 진천의 하수 처리장

　하천이나 강물의 오염 여부를 살필 때 쓰이는 물고기를 '시험 물고기'라고 불러요. 환경 용어로는 '지표 생물'이라고 하는데, 일종의 환경 감시꾼 역할을 하고 있는 셈이지요.
　시험 물고기로 선정되기 위해서는 몇 가지 조건이 있어요. 우선 크기가 작아야 하고, 성장 속도가 빠르지 않아야 하지요. 큰 물고기는 오염 물질에 둔하기 때문이랍니다.

우리 나라 수질 감시꾼 물고기

○ 비단잉어 　　○ 금붕어 　　○ 피라미 　　○ 산천어

○ 버들치 　　○ 붕어 　　○ 송사리 　　○ 잉어

○ 송어
독일에서는 숲의 상수원에 송어를 풀어 놓고 길러요.

○ 무지개송어
일본에서는 무지개송어, 잉어, 피라미, 붕어 등을 쓴다고 해요.

○ 연준모치
영국에서는 연준모치를 사용해요.

이 외에도 프랑스에서는 송어, 이탈리아에선 금붕어, 스위스는 송어, 인도는 잉어를 쓰고 있어요.

우리나라 온산병은 몹쓸 질병인가요?

"아니, 요즘 들어 온몸에 신경통이 도네 그려. 늙어서 그런가. 에구구…….."

시큰시큰

1983년, 경상남도 울산광역시 남쪽 해안에 있는 울주군 온산읍 주민들 사이에 원인 모를 이상한 병이 발생했어요. 허리와 팔다리가 쑤시고 통증이 온몸으로 퍼지는 전신 신경통 증세가 나타났지요. 이런 환자는 노약자뿐 아니라 모든 연령층에서 고르게 나타났답니다.

처음에 정부는 온산병에 발 빠르게 대처하지 못했어요. 그러다 결국 공해 피해를 인정하고 주민들을 집단 이주시켰지요. 공업 단지 주위에 살던 주민 1만여 명은 공업 단지에서 2km 떨어진 곳으로 옮겨 갔답니다.

"당시 온산병은 한국 공해 문제 연구소가 아타이이타이병의 초기 증세와 비슷하다고 해서 더욱 관심을 받게 되었어요."

"온산병은 전신 신경통, 부스럼과 같은 피부병, 수족 마비, 전신 마비 등을 일으키며 1985년에는 1,000여 명의 주민들이 온산병으로 고통을 받았어요."

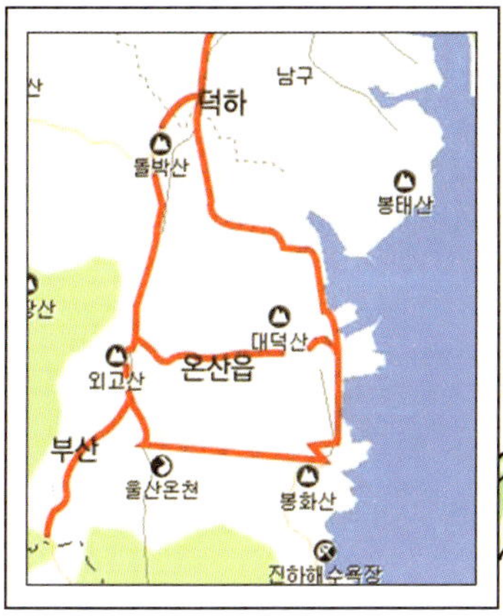

◎ 온산

◎ 현재 온산 공단 야경

온산은 1974년부터 중화학 공업 단지로 지정돼 구리, 아연, 비료, 염료 및 알루미늄 공장이 들어서기 시작했어요. 주민들 사이에 신경통 증세가 생긴 것은 그 뒤 얼마 지나서였지요. 온산병은 공단에서 발생한 중금속을 제대로 처리하지 않고 방류해서 생긴 결과랍니다.

농작물

어패류

온산병은 우리나라 최초의 공해병으로, 온산병 발병을 계기로 환경에 대한 관심이 더욱 높아졌어요. 공업 단지가 지역을 발전시키는 것이 아니라 환경을 파괴하고 건강을 위협한다는 인식이 확산되기 시작한 것이지요.

처음에는 농작물과 양식 어장 피해로 시작돼 사람에게까지 영향을 미친 거예요.

선박용 페인트가 물고기를 죽인다고요?

바다를 항해하는 배를 본 적이 있나요? 배를 보면 각각 알록달록 페인트가 칠해져 있는 것을 알 수 있어요. 배의 이름이 페인트로 쓰여 있기도 하지요.

그런데 선박용 페인트에 첨가되는 TBT 화합물이 배에 붙으려는 생

○ 밑부분에 TBT가 칠해져 있는 배

'TBT'라는 화합물은 보통 배의 밑부분에 칠해지며 녹을 방지하고 파래나 조개 같은 해양 생물이 달라붙지 못하게 해요.

TBT는 다른 중금속에 비해 독성이 아주 높기 때문에 소라나 따개비 같은 부착 생물들은 페인트칠이 된 표면에 붙지 못하고 죽게 되는 것이랍니다.

○ **TBT**(Tri Butyl Tin 트리부틸 주석)

환경 호르몬인 유기 주석 화합물을 말하는데 유기 주석 화합물은 맹독성 환경 호르몬으로 분류된 화합물이랍니다.

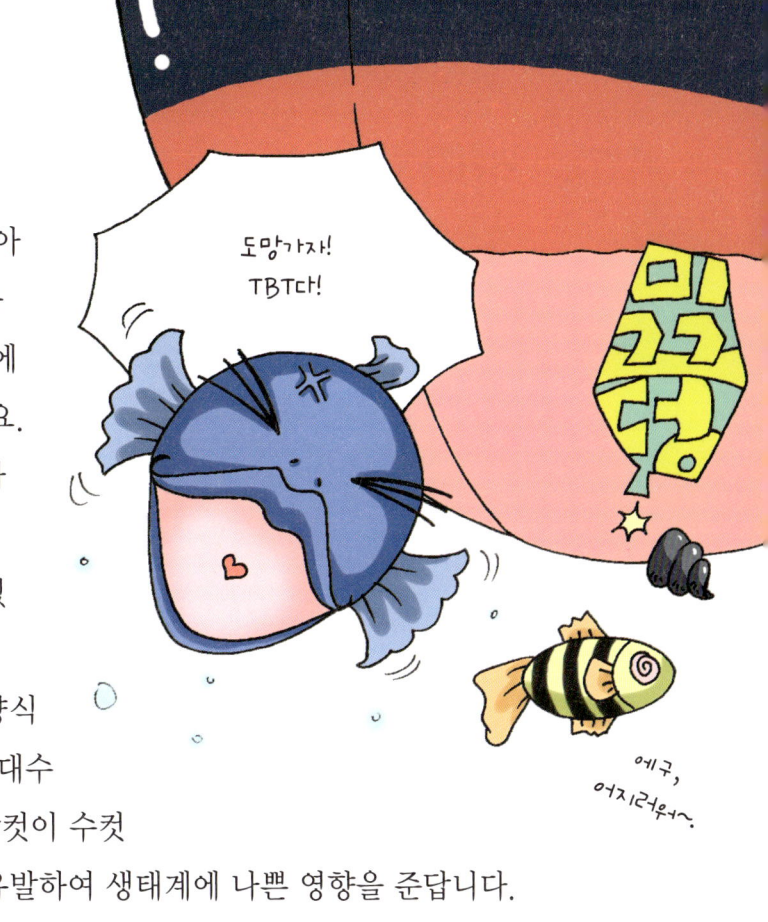

물에만 피해를 주는 것이 아니라 물고기에도 영향을 주고 있어요. 바로 물속에 녹아드는 성분 때문이지요. 페인트로부터 서서히 녹아 나와 바닷물에 살고 있는 생물들에 해를 입히고 있답니다.

TBT는 굴, 홍합 등 양식 생물의 생산을 억제하고 대수리, 소라 같은 고둥류의 암컷이 수컷으로 변화되는 성전환을 유발하여 생태계에 나쁜 영향을 준답니다.

최근 남해안 일대의 굴과 홍합을 조사한 결과, TBT 농도가 높게 나

○ 굴 　　○ 대수리 　　○ 소라

TBT는 아주 소량이 녹아 있다고 해도 다른 생물들을 죽이거나 나쁜 영향을 미쳐요!

타났어요. TBT는 선박뿐만이 아니라 해양 구조물이나 어망, 어구 등에 사용돼 왔지만 이제는 여러 국가가 사용을 금지하고 있지요.

바다의 보석 산호가 창백하게 죽어 간다고요?

따뜻하고 수심이 얕은 바다 속에 사는 산호는 전 세계적으로는 600여 종이 있으며, 우리나라에는 130여 종이 살고 있는 것으로 알려져 있어요.

해수면의 온도가 높아지고 햇빛을 오래 받아서 산호초가 하얗게 죽어 가는 백화 현상이 일어난 산호초들.

    최근 들어 바다 속에 산호 숲을 형성해 다양한 어종의 터전을 제공하던 산호에게 적색경보가 켜졌어요. 해양 오염과 지구 온난화 현상의 가속화로 산호가 빛깔을 잃어 가고 있는 거예요.

'월드워치' 보고서에 따르면, 1982년 태평양 연안의 산호초가 엘니뇨 현상에 따른 수온 상승으로 황폐화됐대요. 콜롬비아 부근 태평양 연안에 서식하던 산호의 70~90%가 몰사했고, 다양한 생물체의 보고로 유명한 갈라파고스 제도의 산호초 역시 95% 이상이 폐사된 것으로 밝혀졌지요.

산호는 해양 생태계뿐만 아니라 복잡한 먹이 사슬의 핵심을 구성하고 있어요. 즉, 산호가 위협당하고 있다는 것은 수천 종의 다른 생물들도 위험해지고 있다는 사실을 반증해 주는 것이지요. 게다가 가장 큰 문제는 이러한 산호초 황폐화 현상이 결국 인간에게 해를 가져온다는 사실이랍니다.

펭귄이 어떻게 석유를 뒤집어썼나요?

아르헨티나 대서양 해안에 있는 푼타 톰보의 남쪽 빙하 지역에는 50만 마리 이상의 펭귄이 모여 살아요. 그런데 이곳에 놀라우면서도 가슴 아픈 사건이 있었어요.

1991년 9월, 펭귄들이 바다에서 기름을 뒤집어쓴 채 어기적거리며 물에서 걸어 나왔어요. 펭귄들은 곧 비틀거리며 얼음 바닥에 넘어졌지요.

왜 이런 끔찍한 일이 생긴 걸까요?

> 바다에서 걸어 나온 펭귄들이 놀랍게도 모두 기름을 뒤집어쓰고 있었어요.

'석유'는 천연에서 액체 상태로 산출되는 탄화수소의 화합물이에요. 정제하지 않은 석유를 '원유'라고 하며 이를 정제하여 휘발유, 경유 등을 제조하는 것이에요.

석유는 탄소, 수소, 질소, 산소, 황, 금속 등의 화합물

이러한 원유는 독특한 특성을 갖고 있는데 해류나 조석, 바람에 의해 널리 퍼져 나가는 과정에서 일부 성분은 바닷물에 용해되기도 하고 일부는 증발되기도 하지만 바닷물과 합쳐져 기름 찌꺼기 모양으로 오랫동안 떠돌아다니게 되는 성분이 있어요.

이 찌꺼기(유탁액)에는 독성을 띤 방향족 탄화수소 라는게 있는데, 이 물질은 해수나 퇴적물에 남아 해양 생물에 치명적인 피해를 입혀요. 펭귄들이 석유를 뒤집어쓰고 죽은 이유도 이러한 원유의 독특한 특성 때문이랍니다.

2007년 우리나라 태안반도의 기름 유출 피해 사진

원유를 나르던 유조선에서 기름이 유출됐는데, 때마침 브라질의 남쪽 바다에서 푼타 톰보와 더 남쪽에 위치한 지역으로 이동하던 펭귄들이 그곳을 지나간 거예요.

그런데 이런 사건이 이번뿐만이 아니라는 데 문제가 있어요. 안타깝게도 매년 펭귄들이 기름을 뒤집어쓴 채 죽어 가고 있지요.

쥐는 왜 합성 세제를 갉아먹지 않나요?

옛날에는 수돗가에 빨랫비누나 세숫비누를 놓아두면 모서리가 없어진 것을 흔히 발견할 수 있었어요. 왜 모서리가 없어졌냐고요? 밤사이 사람이 없는 틈을 이용해 쥐가 비누의 모서리를 갉아먹고는 했거든요.

그런데 쥐는 비닐 포장에 들어 있는 빨래용 중성 세제나 샴푸는 먹지 않는대요. 왜 비누는 먹고 빨래용 중성 세제는 먹지 않을까요?

비누는 천연 동식물 기름으로 만들기 때문에 먹을 수 있지만, 합성 세제에는 동물도 먹을 수 없는 석유가 원료로 들어가요. 쥐도 피했다니 그 원료가 얼마나 해로운 것인지 알 수 있겠지요?

합성 세제가 몸에 안 좋다는 사실은 누구나 알지만 알면서도 자꾸 쓰게 된다는 데에 문제가 있어요. 그런데 그 피해가 강이나 호수로까지 번지니까 더욱 문제이지요.

합성 세제는 식기 세척용, 의류용, 샴푸, 린스 등이 모두 포함되며 중성을 나타내므로 '중성 세제'라고도 한답니다. 비눗물은 냇가나 강으로 흘러들어도 하루 정도면 분해되어 버리지만 합성 세제는 한 달이 넘어도 1/3 이상이 남아 하천 오염의 원인이 되고 있어요.

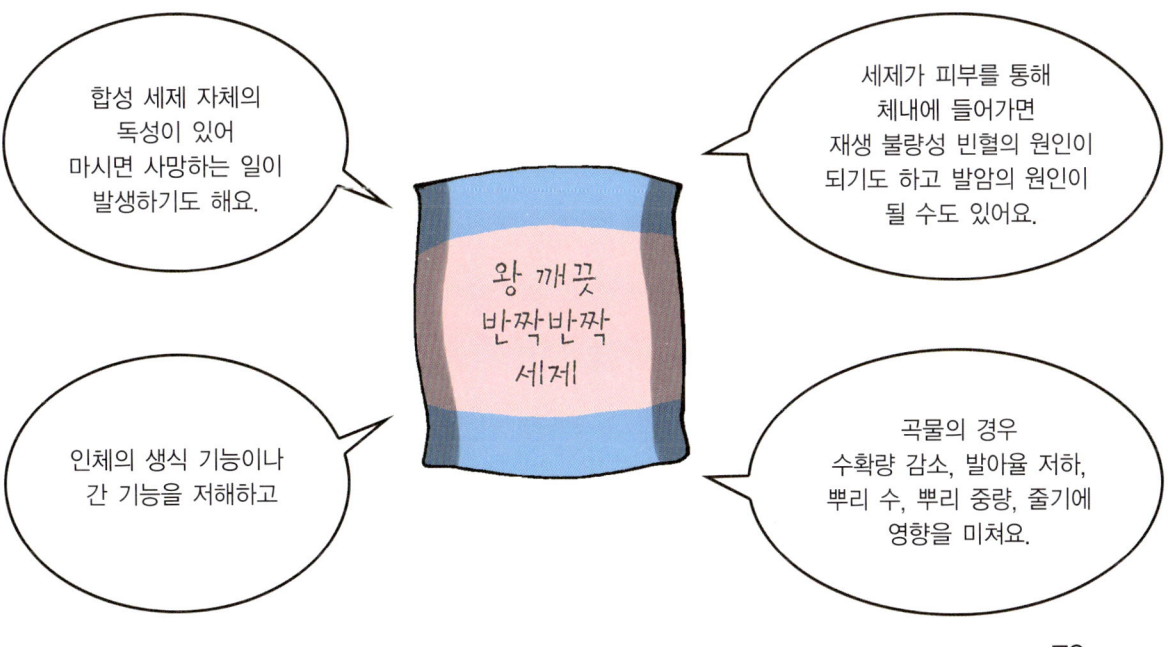

물은 반드시 끓여 먹어야 하나요?

오염된 물을 마시게 되면 수인성 질병에 걸리게 되는데 병원 침대에 누워 있는 환자의 절반은 물과 연관된 수인성 질병 환자라고 세계 보건 기구는 밝히고 있어요.

우리나라의 대표적인 수인성 질병에는 이질, 콜레라, 장티푸스, 비브리오 패혈증 등이 있어요.

물은 인간이 생활하는 데 있어서 가장 필요한 물질 중의 하나예요. 사람은 매일 2~3L의 물을 마시고 있어 예부터 깨끗한 물을 확보하는 것은 매우 중요한 일이었지요. 예전에는 주변의 어떤 물이든 바로 마실 수 있었으나 인구가 증가하고 산업이 발달하면서 각종 생활하수와 폐수가 식수원인 하천을 오염시켰답니다.

수돗물은 여러 번의 여과 과정을 거쳐 가정으로 보내지게 돼요. 식수 처리 장치를 거치면서 박테리아 및 여러 세균이 제거되지요. 그런데 가정에서는 수돗물을 그냥 마시지 않고 끓여 먹거나 정수기로 걸러 마시는 경우가 많아요. 하지만, 정수기 필터를 제때 갈아 주지 않으면 세균 덩어리를 마시는 것과 같아 오히려 더 위험하지요.

물을 끓이면 미생물과 세균이 없어지기 때문에 더욱 안전한 물이

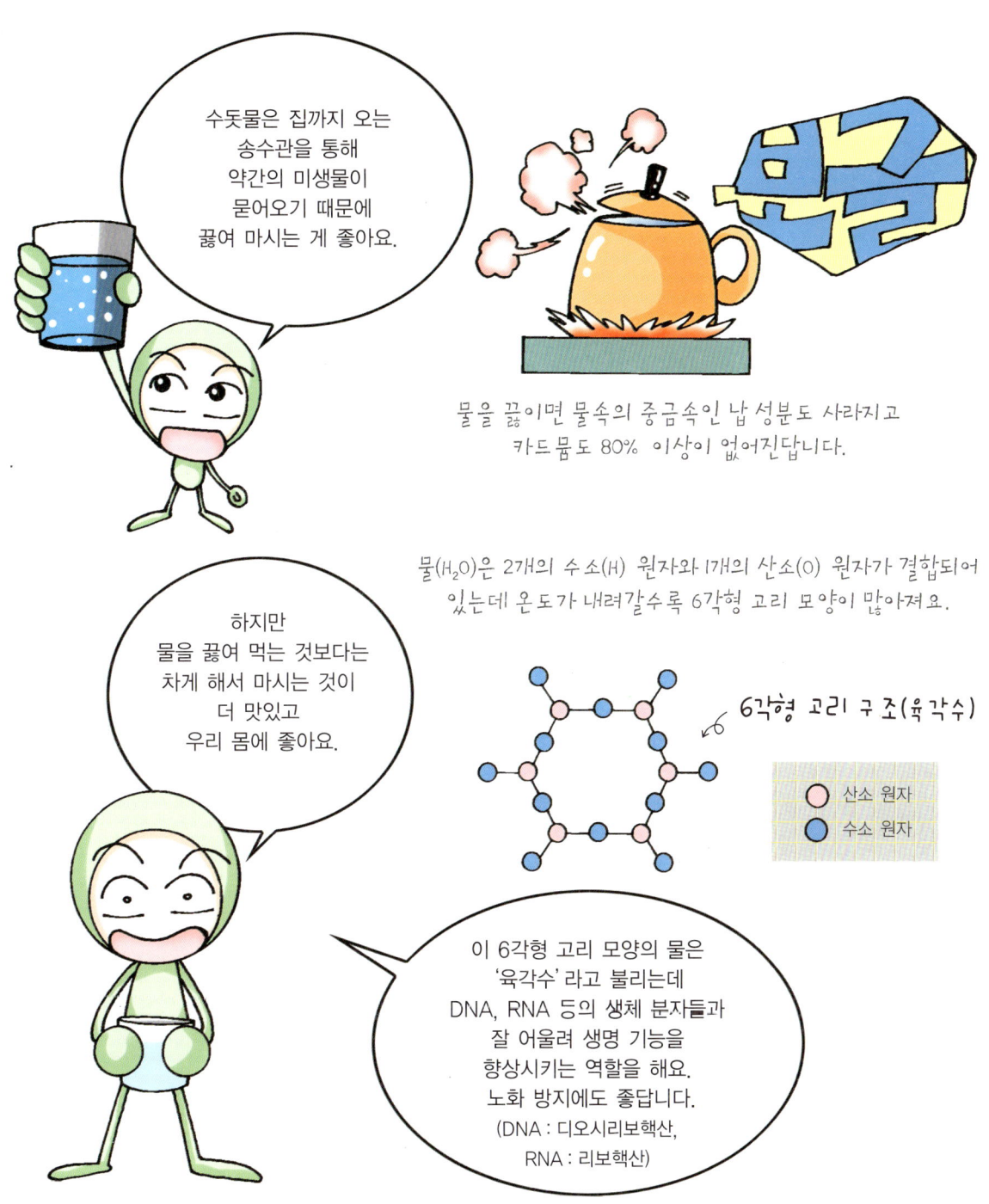

된답니다. 오염되지 않은 물은 끓이지 않고 그대로 마시는 것이 가장 바람직하지만, 여름철에는 5~10분 정도 끓여 마시면 수인성 전염병 예방 차원에서 좋지요.

한강은 어떻게 오염되고 있나요?

'아리수'라는 말의 뜻이 무엇인지 알고 있나요? 이것은 한강을 뜻하는 우리의 옛말이에요.

한강은 강원도에서 시작되는 하천으로, 한국의 중부인 강원도, 충청북도, 경기도, 서울을 거쳐 서해로 흘러요. 우리나라의 중심부에서 흐르는 아주 중요한 강이라고 할 수 있지요. 그런데 이렇게 중요한 한강이 오염으로 몸살을 앓고 있답니다.

한강의 오염은 우리나라의 발전에 원인이 있어요. 나라가 발전하면서 사람들은 도시로 몰려들고 산업이 발전하면서 오염 물질이 많이 배출됐거든요.

한강에는 크고 작은 강들이 모여서 흐르고 있어요. 작은 강에서 모여진 생활하수나 축산 하수, 공장 폐수가 한강으로 유입되지요. 폐수

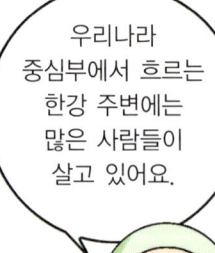

우리나라 중심부에서 흐르는 한강 주변에는 많은 사람들이 살고 있어요.

오염된 한강

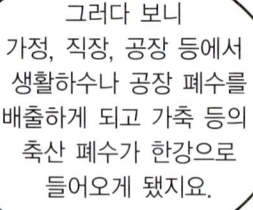

그러다 보니 가정, 직장, 공장 등에서 생활하수나 공장 폐수를 배출하게 되고 가축 등의 축산 폐수가 한강으로 들어오게 됐지요.

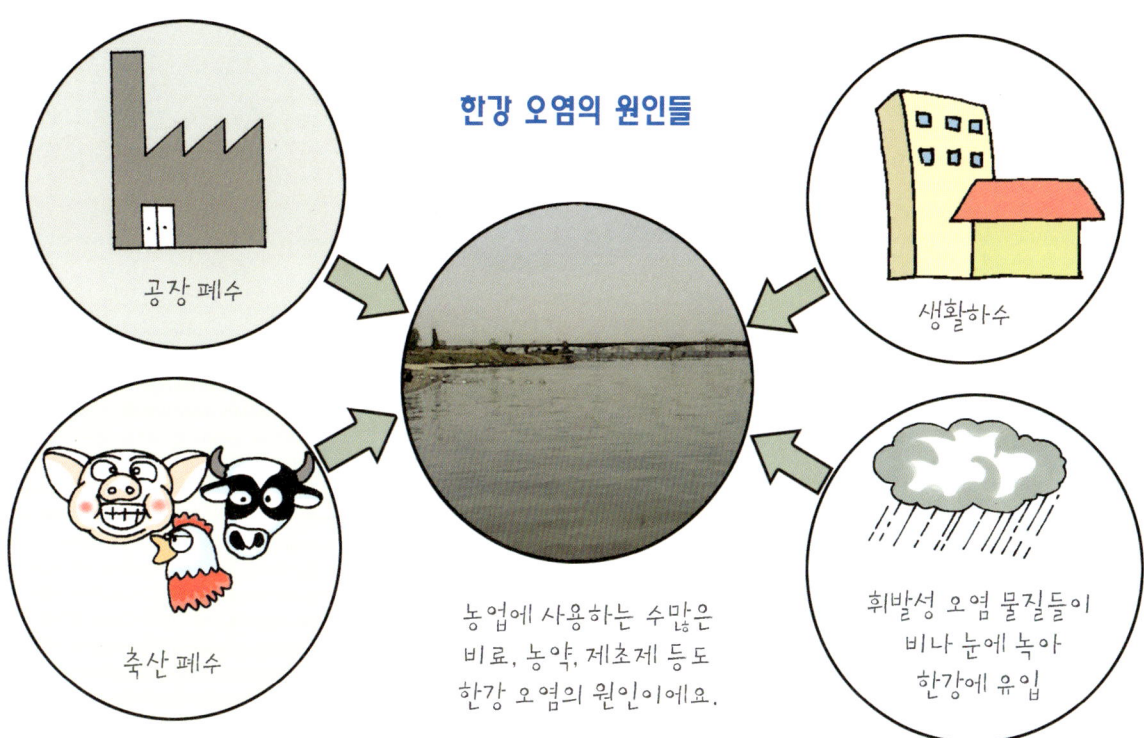

를 정화하기 위해서 곳곳에 하수 처리장이 건설됐지만 하수량에 비해서 처리할 수 있는 양이 한정돼 있어서 오염이 심각하답니다.

2006년도에는 '괴물'이라는 영화가 개봉돼 흥행했어요.

한강을 배경으로 했던 이 영화는 한강에서 괴물이 나타나 무자비하게 사람들을 죽이고 한강 둔치를 아수라장으로 만드는 장면을 현실감 있게 그렸지요. 이 무시무시한 괴물의 탄생 배경에는 수질 오염이 큰 몫을 차지하고 있었답니다. 합성 세제 사용을 줄이고 환경 보호를 생각한다면 한강도 깨끗해지고 괴물이 나타날 일도 없을 것 같아요.

팔당호의 수질이 서울 시민의 건강을 결정하나요?

○ 팔당호와 팔당 댐

팔당호는 경기도 광주시에 있는 인공 호수예요. 주말에 부모님과 함께 나들이할 수 있는 장소로 아주 좋은 곳이지요. 한 번 가 본 사람이라면 호수의 경관이 좋아서 또 가고 싶어져요. 그런데 바로 이렇게 뛰어난 경관 때문에 사람들이 자주 찾게 되고, 편의 시설인 음식점과 낚시터가 하나 둘 생겨나면서 수질 오염이 심각해지고 있어서 문제가 되고 있답니다.

팔당호는 서울 사람들에게 수돗물을 공급하는 중요한 곳이거든요.

이곳이 오염되면 서울 지역에 있는 사람들의 건강에 큰 지장을 가져오게 되지요.

　댐은 홍수로 인한 피해를 줄이고 경제적 이익을 가져와요. 하지만, 바다로 배출되던 각종 오염 물질을 호수 내에 축적시키는 작용을 해 악영향을 끼치기도 하지요.

댐은~,

홍수 시 수위를 조절하고

농업, 공업, 생활용수를 확보할 수 있고

수력 발전에 의한 전기를 얻기도 하고

유람선이 다니기도 하는 관광지의 역할을 하고 있어요.

하지만 팔당호 역시 한강처럼 오염돼 댐의 물을 수돗물로 이용하는 서울 시민들이 피해를 입고 있지요.

좋은 수질을 유지하기 위해선 일정량의 물이 계속 흘러야 하는데 물을 가두어 두기 때문에 오염 물질 역시 호수 내에 축적되므로 물이 오염될 수밖에 없답니다.

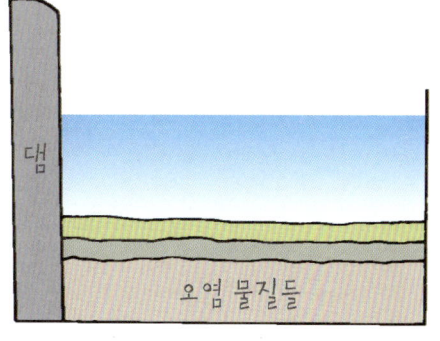

생활하수　공장 폐수　축산 하수　농업에 쓰인 비료 성분들

댐　오염 물질들

 ## 약수터나 우물 근처에 쓰레기를 버리면 안 되나요?

　이른 아침 부모님을 따라서 약수터에 물을 길으러 가 본 적이 있나요? 아침 운동을 한 뒤 마시는 시원한 약수는 말 그대로 몸에 약이 되는 것처럼 기분을 상쾌하게 만들지요.

　지하수가 더럽혀지고 있는 것은 산성비 등 대기 오염 물질이 토양을 오염시키는 데다 폐수, 분뇨, 산업 폐기물 등이 지하 수맥을 타고 스며들기 때문이에요. 요즘은 우물을 잘 사용하지 않기 때문에 내버려 두는 경우가 많은데, 이곳으로 오염 물질이 침투해 지하수에 스며들기도 하지요.

> 약수와 우물물은 빗물이 땅속에 스며들어 고인 것으로 '지하수' 라고도 불리며 땅속의 암석 등의 빈틈을 채우고 있는 물이에요.

> '좋은 지하수' 란 일반적으로 무색, 무취, 무미의 조건을 갖추어야 하고 용도에 따라 식수, 생활용수, 농업용수, 공업용수로도 이용돼요.

지하수에 대한 무관심과 무분별한 개발은 오염을 불러일으켜요. 지하수는 한번 오염되면 되살리기가 무척 어렵지요. 식용으로도 쓰이고 농업 및 공업용수로도 쓰이는 소중한 자원인 지하수를 제대로 관리하지 않아 사용하지 못한다면 큰 피해가 발생할 거예요. 지하수의 소중함을 알고 철저한 감시로 오염을 방지해야겠어요.

쇠고기 1kg 생산하는 데 2만 L의 물이 필요하다고요?

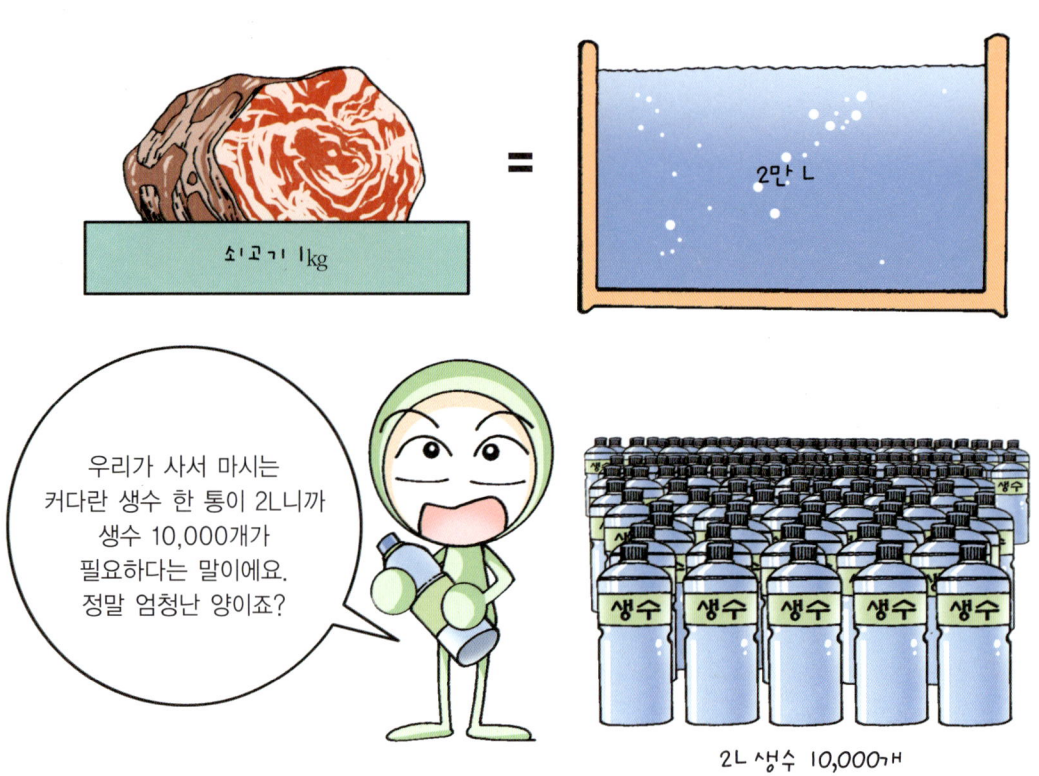

쇠고기 1근이 600g이라는 것은 다들 알지요? 그렇다면, 쇠고기 1kg은 한 근하고 조금 넘는 무게인데, 이 쇠고기를 생산하기 위해 소비해야 하는 물이 자그마치 2만 L라는 사실을 알고 있나요?

미국에서 소비되는 물의 절반 정도가 소와 그 외의 가축을 기르는 데 쓰이고 있는 실정이에요. 실제로 캘리포니아의 모든 도시에서 쓰는 물보다 더 많은 양이지요.

미국 텍사스 북부의 관개용 수자원은 이미 고갈돼 가고 있대요. 과학자들은 몇십 년 안에 지하의 수자원도 크게 줄어 현재의 관개 시설

의 3분의 1이 사용할 수 없게 될 거라고 계산하고 있지요.

소를 사육하는 것은 지구 온난화의 원인이 되는 가스를 생성하는 데에도 큰 영향을 미쳐요. 목축업에 의한 공해가 산업공해보다 두 배나 더 심각한 것으로 평가되고 있지요. 또한, 미국 가축의 배설물량은 미국 총 인구의 배설물량보다 20배나 많대요. 결국, 우리가 고기를 먹기 위해서 동물을 기르는 것은 물뿐만이 아니라 환경에 치명적인 영양을 미치는 것이랍니다.

수질 오염 방지의 전통적 장치가 물챙이였다고요?

경상도 지방을 가 보면 졸졸졸 흐르는 냇물에, 가늘고 길면서 끝이 뾰족한 쇠나 나무로 촘촘히 엮어 만든 가리개가 있어요. 이것은 물만 흐르게 하고 나뭇가지나 지저분한 쓰레기를 잡아낸다는 물챙이예요.

'물챙이' 란, 깨끗한 물을 지키기 위한 전통적인 장치입니다. 물챙이 방죽, 물챙이 다리 역시 오염물을 걸러 내기 위한 조상의 지혜지요. 물챙이에 걸린 나뭇가지나 쓰레기는 건져서 말린 후에 땔감으로 사용했고, 또 가뭄이 들어 개울물이 마르면 쌓인 쓰레기는 걷어 내어 논과 텃밭의 땅을 기름지게 하는 거름으로 썼지요.

물을 아끼는 지혜가 번득이는 옛 어른들의 이야기를 살펴보면, 먼저 물을 함부로 더럽히지 못하도록 아기 기저귀는 냇물에 빨지 말고,

물챙이는 물과 창(窓)의 속어예요.

물챙이는 올챙이의 사촌이 아니라, 싸리나무 줄기를 창살처럼 엮어 개울에 가로질러 놓고 오물이 걸리도록 한 일종의 필터 같은 것이에요.

샘물을 길어다 빨도록 했어요. 오염된 물은 무나 배추를 심은 남새밭이나 두엄터에 버리도록 가르쳤지요. 이미 배설물에 의한 수질 오염을 알고 있었던 거예요.

뿐만 아니라 '도랑에 오줌을 싸면 지렁이가 고추를 문다.'고 했어요. '흐르는 냇물에 오줌을 누면 아이를 못 낳는다.'고도 했어요. 이것은 꼭 그렇게 되는 것이 아니라 그만큼 물을 깨끗이 지키겠다는 의지의 표현이고 도덕심이며, 우리의 환경을 지켜야 한다는 조상들의 지혜였답니다.

24절기란 태양의 위치 변화에 따라 계절을 구분한 것.

이러한 물챙이는 1년 내내 치는 것이 아니라 우리나라 24절기 중 곡우 무렵에 주로 개울가에 걸어 놓아요.

곡우는 3월 말경으로 봄장마가 시작되기 바로 전이지요.

곡우

오히려 장마철에는 물이 자주 불어나기 때문에 물의 흐름을 막는 물챙이를 아예 걷어 내거나 쓰레기를 자주 걷어 내 수해를 막았답니다.

북극이 방사능 때문에 위험하다고요?

　소련은 1950년대 초부터 핵 실험 장소로 북극을 이용했어요. 북극의 커다란 섬인 노바야젬랴 근처의 얕은 만에 적어도 12개의 원자로를 버렸지요. 이제는 러시아 당국도 이 사실을 인정하고 있답니다.
　몇 년 동안 북극의 투기 장소 해역을 조사해 온 노르웨이의 과학자들은 바닷물과 물고기에서 뚜렷한 방사능 오염을 발견하지 못했어요.

잘못했어요~. 한 번만 봐 주세요~.

아무도 모를 줄 알았어요.

우라늄이나 플루토늄 같은 원자량이 매우 큰 원소들은 핵이 너무 무겁기 때문에 스스로 붕괴를 일으켜 다른 원소로 바뀌기도 하는데

이러한 원소가 붕괴될 때 나오는 방사선이 알파선(α), 베타선(β), 감마선(γ)이랍니다.

이럴 때 몇 가지 입자나 전자 기파를 방출하는데 이것을 '방사선'이라 하고, 이렇게 방사선을 내 놓는 능력을 '방사능'이라 해요.

하지만, 수심 수백 피트 아래에 가라앉아 있는 폐기물 용기가 새기 시작하면 수십 년에 걸친, 심각한 환경오염 사태가 벌어질 수 있다고 말했지요.

해양과 같은 넓은 영역에서 생물이 오랫동안 약한 방사능에 노출됐을 경우, 생물에 어떤 변화가 일어나는지는 정확히 알려져 있지 않아요. 하지만, 어란 치사량 증가, 부화량 감소, 기형 어란 증가 등의 현상이 나타날 수 있으며, 방사능에 오염된 해양 생물을 섭취한 인간에게 유전적인 변화가 일어날 수 있다고 전문가들은 지적하고 있지요.

3장
생태계 신호등은 빨간불

고층 빌딩 꼭대기에서 점멸등이 깜박깜박 커졌다 꺼졌다 하는 것을 본 적이 있나요? 외국에서는 높은 빌딩이나 철탑 꼭대기의 점멸등 불빛들 때문에 새들이 부딪혀 떨어지는 일이 자주 생긴대요. 깜빡거리는 불빛이 밤에 이동하는 철새들을 유인해 어처구니없이 탑에 부딪혀 죽게 만드는 것이지요.

인공 불빛이 새들의 덫이 되나요? 중에서

 ## 생태계 순환이 뭐예요?

이 지구 상에는 인간을 포함한 동물 및 식물 등 생물적 요소와 햇빛, 공기, 물, 흙과 같은 비생물적 요소들이 있으며 이들은 상호 작용을 통해 균형과 조화를 이루고 있는데 이를 '생태계'라고 해요.

생태계는 연못처럼 작을 수도 있고 (연못 생태계) 숲처럼 넓을 수도 있어요. (숲 생태계)

　인류는 지구 생태계의 한 부분이며, 생태계 속의 모든 종자는 서로 의존해 살아가고 있어요.
　생물은 서로 먹이 사슬로 연결되어서 하나의 종이 위험에 처하거나 멸종되면 그 종과 먹이 사슬 관계에 있는 생물도 함께 멸종하게 돼요. 이렇듯 자연 생태계는 순환 원리로 이루어져 있지요. '순환'이란, 바로 끊어지지 않고 계속 이어진다는 뜻이랍니다.

생태계 균형이 깨지면 어떻게 되나요?

오늘날 산업 사회가 고도로 발전함에 따라 환경이 훼손되고 자원이 소모되고 녹지와 삼림이 급격하게 줄어들고 있어요. 이러한 생태계 파괴에서 온 가장 큰 결과의 하나가 생물이 사라지고 있다는 거예요.

멸종 위기의 동식물들

○ 구렁이

○ 흰꼬리수리

○ 산작약

○ 노랑부리백로

○ 꼬리동자개

○ 두점박이 사슴벌레

환경이 훼손되고 녹지와 삼림이 줄어들자 생물이 사라지고 있어요. 우리의 후손들은 사라진 생물을 다시 볼 수도, 이용할 수도, 연구할 수도 없을지 몰라요.

생태계가 파괴되면서 생물이 사라지면 원래의 유전자의 다양함이 그대로 다시 회복될 수 없고, 각종 생태계 본래의 모습들이 영원히 사라지게 된다는 문제가 발생하게 돼요. 그러면 우리의 후손들은 사라진 생물을 다시 볼 수도, 이용할 수도, 연구할 수도 없게 된다는 점에서 심각한 문제가 아닐 수 없어요.

생태계 균형이 깨지는 간단한 예를 들어 볼게요.

중앙아메리카의 한 강변에 사는 하마들이 너무 많이 번식해 그곳의 풀을 많이 먹어 치웠어요. 그 때문에 주민들이 가축을 제대로 키울 수가 없었지요. 주민들은 생각 끝에 총을 쏘아 하마들을 많이 죽였어요. 하지만, 얼마 지나고 나니 하마가 살던 하천의 물고기 수가 줄어들어 주민들은 물고기를 먹을 수가 없었답니다.

여우원숭이가 멸종되고 있나요?

여우원숭이는 지구 상에 남아 있는 가장 희귀한 모습을 하고 있어요. 서커스단에 출연한다면 단연 최고의 인기를 독차지 할 거예요. 우선 모양새가 아주 특이하답니다. 고양이만한 몸집에 박쥐의 귀를 달고 들쥐의 코 생김새를 닮았으니까요. 이 희귀한 원숭이는 동 아프리카 연안에서 조금 떨어진 섬 마다가스카르에 살고 있었답니다.

여우원숭이의 울음소리는 아주 특이해요. 사람들의 귀에 '아이아이'로 들리기 때문에 '아이아이원숭이' 라는 이름이 붙여졌지요. 원숭이의 꼬리도 마치 마녀가 타고 다니는 빗자루처럼 길고, 새끼 여우원숭이는 고무보트가 찌그러질 때 나는 소리를 낸다고 해요.

1991년 11월, 마다가스카르 섬에서 여우원숭이 4마리가 발견됐어요. 멸종 위기에 처해 있는 여우원숭이가 발견된 것은 큰 화젯거리가 되었지요.

그런데 왜 여우원숭이가 멸종 위기를 맞은 것일까요?

인도네시아 사람들이 살기 시작한 1500년경부터 지금까지 보기 좋던 마다가스카르 열대림의 약 85%가 사라졌어요. 재목으로 사용하거나 목장이나 목초지를 만들기 위해 베어지고 태워졌지요. 특히 사람보다 먼저 이 섬에 살던 여우원숭이의 피해가 아주 컸답니다.

그러던 중 미국 북 캐롤라이나 듀크 대학의 영장류 연구 센터의 연구원들이 새끼를 밴 암놈 한 마리

여기가 동아프리카 연안의 마다가스카르 섬이에요.

아프리카

마다가스카르

마다가스카르에선 숲 속에서 여우원숭이를 보면 저주를 받는다는 미신이 있었어요. 그래서 사람들은 여우원숭이를 눈에 띄는 대로 죽이고 시체를 마을에 매달기도 했대요.

숲이 베어지고 불태워지자 숲에 살던 우리 여우원숭이들은 삶의 터전이 사라졌으므로 당연히 종족 수도 줄어들 수밖에 없었지요.

🔼 불타기 전
▶ 불탄 후

를 데려다 기르기 시작했어요. 새끼가 태어난 해는 이듬해 4월이었지요. 새끼원숭이는 청개구리처럼 불쑥 튀어나온 두 눈을 껌벅거리며 코코넛 열매꼭지를 순식간에 이빨로 따서 먹었대요. 또 나무 위로 올라가 곤충의 유충을 손가락으로 파먹기도 하고요.

연구원들은 원숭이 복원을 위해 어미와 새끼를 여우원숭이 조상이 살던 마다가스카르 섬으로 돌려보냈어요. 이제 섬 사람들도 이 희귀 원숭이를 보호하고 번식하는 데 힘쓰고 있지요.

아이~
아이~

하늘에서 누런 흙이 떨어지고 있나요?

봄철 하늘을 보면 하루 종일 뿌옇고 눈이 침침할 정도로 흐려져 있어요. 목 안도 메케해 오고요. 이 황사가 다른 나라에서 날아온 것이라면 그 나라에 가서 따지고 항의하고 싶지요?

『삼국사기』를 보면 신라 아달라 왕 때 하늘이 화가 나서 눈도 아니고 비도 아닌 흙가루를 뿌렸다는 기록이 나와요. 우토, 즉 '비처럼 내리는 흙'이라는 뜻으로, 이 우토가 바로 황사지요. 고구려 보장왕 때 '하늘에서 붉은 눈이 내렸다.'는 기록도 있는데, 눈송이에 황사가 섞여 내렸던 것으로 보여요. 『조선왕조실록』을 보면 명종 5년에 '한양에 흙비가 내렸다.'는 기록도 나와 있답니다.

황사의 발원지는 몽골과 중국 그리고 중앙아시아예요. 황사는 이들 지역을 황폐하게 만들었지요. 벌써 수많은 지역을 사막으로 만들어 버렸답니다.

황사 현상은 눈병과 호흡기 질환을 일으키며 식물의 숨구멍을 막기도 해요. 평소 천식을 앓고 있거나 결막염, 안구 건조증에 시달리는 사람은 외출을 삼가야 하지요. 황사는 마스크를 써도 걸러지지 않는다고 하니 각별한 주의가 필요하답니다.

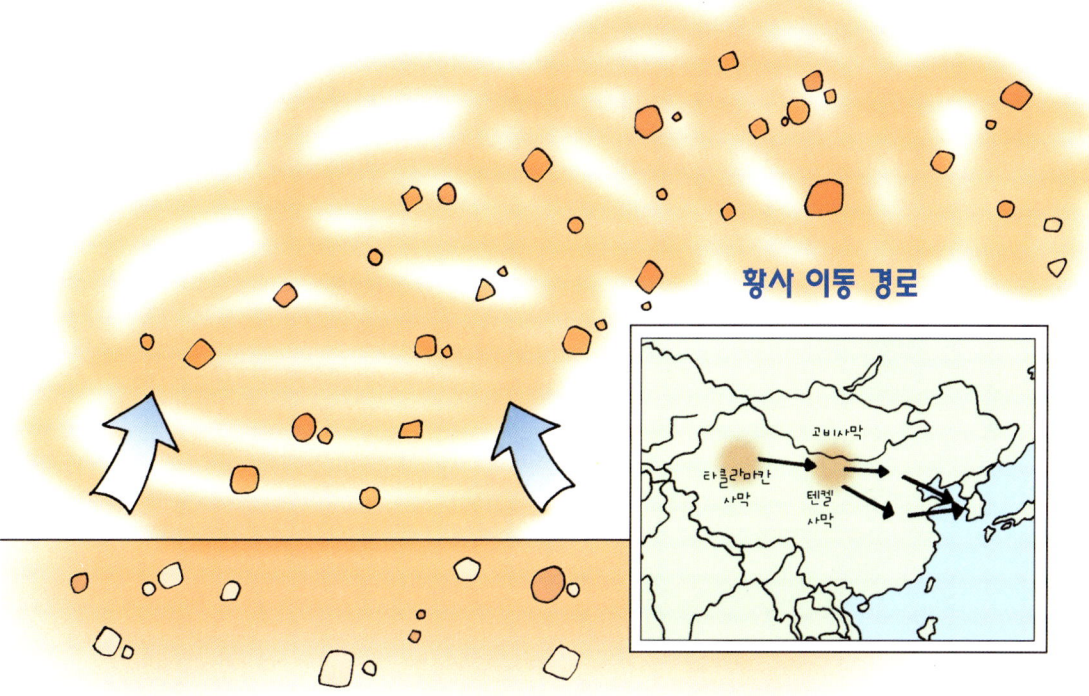

황사 이동 경로

❶ 발원지에 있던 미세한 흙먼지가 바람에 실려 하늘 높이 올라가요.

❷ 편서풍을 타고 이동해요.

❸ 우리나라로 몰려와요. 북태평양으로 이동해 미국까지 날아가기도 해요.

황사가 발생하는 날 밖에 나갔다 오면 반드시 손을 씻고 이 닦는 거 잊지 마세요~

허연 부스럼 같은 사막이 늘어나는 이유가 뭐예요?

땅이 생물체가 살 수 없는 건조한 토양으로 바뀌는 것을 '사막화 현상'이라고 해요.

지구에 사막이 생기는 원인은 두 가지로 볼 수 있는데

하나는 자연현상에 의해 사막으로 변하는 것, 또 하나는 환경 훼손에 의해 사막으로 변하는 것이에요.

◐ 자연적으로 변한 사하라 사막
사하라 사막은 기원전 5000년경에는 물이 흐르는 비옥한 땅이었어요. 그런데 오랜 세기에 걸친 가뭄과 폭염으로 물이 증발해 사막으로 변했지요.

◐ 환경 훼손으로 변한 사헬 지방
아프리카의 사헬 지방은 삼림 벌채로 인해 사막으로 변한 대표적 곳이에요. 이 지역은 1960년대부터 사막으로 변해가고 있어요.

사헬 지방은 지나친 벌목으로 황폐해진 땅에 가뭄까지 겹쳐 생물이 살 수 없는 불모지대로 변해 버렸어요. 지금도 매년 200만 ha(헥타르)

씩 사막화가 빠르게 진행되고 있지요. 단순히 자연 재난이 아니라 인간이 가져온 환경 재난이랍니다.

미국에도 사막이 생기고 있대요. 캘리포니아 남부 지역에 사는 농부들은 수십 년에 걸쳐 광대한 지역의 잡초를 뽑아내고 밀농사를 했대요. 그런데 밀을 심은 지역에 가뭄이 몇 달씩 이어지면서 곡물이 다 죽었지 뭐예요. 또 폭풍이 몰아치면서 먼지를 몰고 와 불모지로 변했대요. 결국, 수십 만명의 농부들은 눈물을 머금고 살던 곳을 떠날 수밖에 없었지요.

중국에서도 사막화 현상이 진행 중이라고 해요. 중국의 간쑤성은 우리나라 면적 2배 크기의 지역이지요. 3,000년 전에는 숲이 우거진 기름진 땅이었지만 지금은 3분의 1이 사막으로 변했어요. 사람들이 몰려와 집을 짓고 벌채를 했기 때문에 이런 현상이 생겼대요.

지구 허파의 건강이 악화되고 있다고요?

허파는 몸에서 산소를 저장했다가 내뿜는 역할을 해요. 만약 허파가 운동을 멈춘다면 사람은 어떻게 될까요? 당연히 숨을 멈추게 되겠지요.

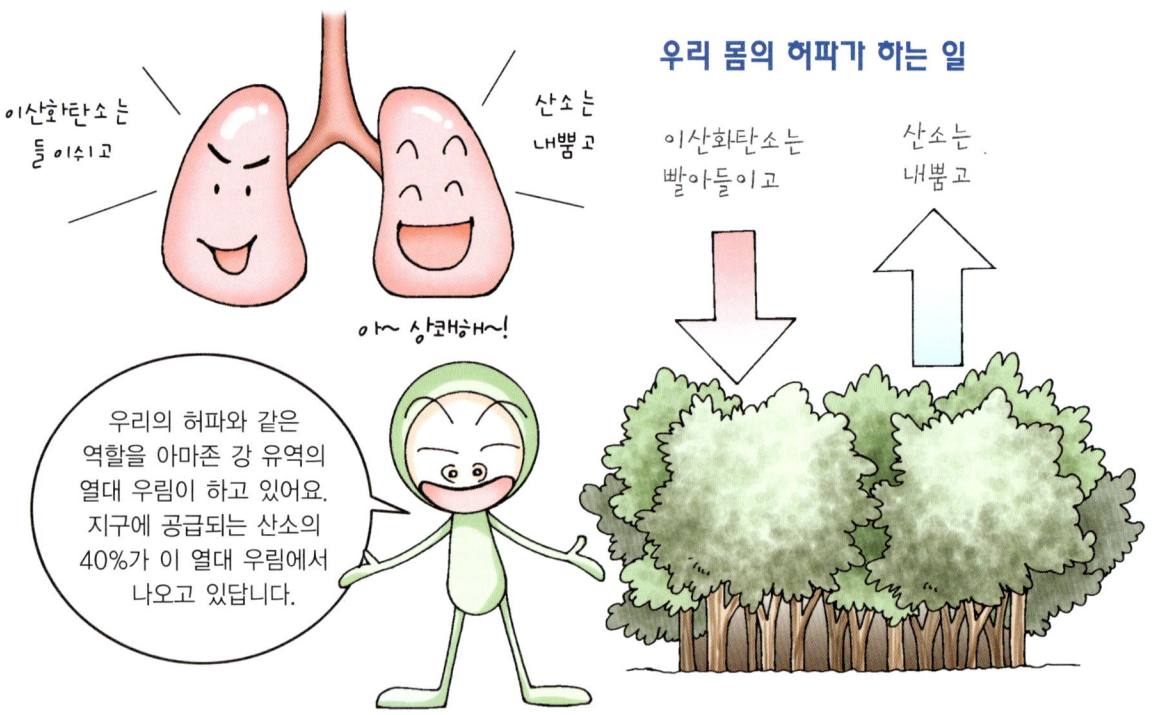

우리 몸의 허파가 하는 일
- 이산화탄소는 빨아들이고
- 산소는 내뿜고

우리의 허파와 같은 역할을 아마존 강 유역의 열대 우림이 하고 있어요. 지구에 공급되는 산소의 40%가 이 열대 우림에서 나오고 있답니다.

지구 상에 대표적인 열대 우림은 남아메리카의 아마존 지역과 동남아시아의 보르네오 섬의 밀림이에요. 이 두 곳은 지구가 지닌 두 개의 허파라고 할 수 있지요. 엄청난 산소 발생 지역인 동시에 지구의 공기 정화 작용을 돕는 고마운 곳이랍니다.

그런데 열대 우림도 이미 20%나 상실됐대요. 지금 열대 우림에서

○ 아마존 강

○ 보르네오 섬

아마존과 보르네오 섬의 열대 밀림의 많은 수목림들이
이산화탄소를 흡수하고 산소를 방출하면서 공기 정화 작용을 해요.
그래서 이 두 지역은 '지구의 허파'라고 불린답니다.

는 1년에 남한 면적의 1.5배에 해당하는 숲이 베어지고 있지요. 아마존 밀림 지대는 재앙에 가까운 수준으로 자연이 파괴되고 있으며, 환경 보호를 위해 엄청난 비용이 필요한 상황이랍니다.

○ 훼손 전

○ 훼손 후

열대 우림에서는 양질의 목재가 생산되기 때문에 삼림의 벌채가 심하여 생태계 파괴 현상이 일어나고 있어요. 열대 우림의 감소는 사막의 확대, 이상 기후의 원인이 되기 때문에

이것의 방지를 위하여 1957년부터 세계 야생 생물 기금과 국제 자연 보호 동맹을 중심으로 보호 운동이 전개되고 있어요.

이스터 섬에서는 무슨 일이 벌어졌나요?

남태평양의 작은 섬인 이스터 섬은 사람이 사는 곳 가운데 가장 외진 곳에 속해요. 이곳은 제주도의 16분의 1 정도 되는 면적을 가지고 있는 아주 작은 화산섬이지요.

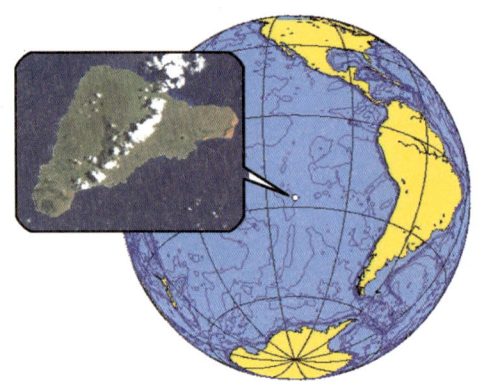

이스터 섬은 육지에서 가장 멀리 떨어진 유인도예요. 가장 가까운 육지가 동쪽의 칠레 해안이랍니다.

이스터 섬에는 텅빈 눈망울로 하늘을 바라보는 거대 석상이 수십 개나 세워져 있지만 어떻게 석상이 만들어졌는지는 아무도 모른답니다

◐ 이스터 섬의 석상 모아이(MOAI)

화산이 만들어 낸 이스터 섬에 사람이 살기 시작한 것은 5세기경이에요. 인구는 7,000명에서 한때는 2만 명까지 늘어났대요. 이 섬에 사람이 살기 시작한 무렵에는 식물들이 울창했어요. 하지만, 인구가 늘면서 농경지를 늘리고 고기잡이배, 집, 가재도구를 만들면서 점점 나무가 사라지기 시작했지요.

1500년경부터 나무가 부족해지자 이스터 섬 사람들은 집짓기를 포기하고 언덕의 바위 동굴이나 호숫가에서 자라는 갈대로 엮은 오두막

에서 살아야 했어요. 나무가 모두 사라진 뒤에는 배를 만들 수도 없어 고기잡이도 어려워졌지요. 결국, 그들은 자원을 슬기롭게 이용하지 못했기 때문에 서서히 몰락했답니다. 이스터 섬은 마치 오늘날 우리가 살고 있는 지구의 축소판 같아요. 자원이 고갈되면 인류도 이스터 섬 주민들처럼 몰락할지 모르지요. 우리 모두 이스터 섬 이야기를 교훈 삼아 자연을 아끼고 보호해야겠어요.

인공 불빛이 새들의 덫이 되나요?

수많은 네온사인과 화려한 불빛, 도시와 강을 수놓고 있는 인공 불빛들. 비행기에서 내려다보면 도시의 야경은 별밭같이 아름답게 보여요. 반대로 도시에서 밤하늘을 올려다보면 뿌옇고 별들도 잘 보이지 않지요.

고층 빌딩 꼭대기에서 점멸등이 깜박깜박 켜졌다 꺼졌다 하는 것을 본 적이 있나요? 외국에서는 높은 빌딩이나 철탑 꼭대기의 점멸등 불빛들 때문에 새들이 부딪혀 떨어지는 일이 자주 생긴대요. 깜빡거리는 불빛이 밤에 이동하는 철새들을 유인해 어처구니없이 탑에 부딪혀 죽게 만드는 것이지요.

고기 떼에도 비슷한 일이 벌어져요. 제주도에서는 초여름만 되면

수십 척의 갈치잡이 배들이 바다 위에서 환한 등을 켜 놓고 있어요. 그러면 고기 떼들이 불빛을 느끼고 배쪽으로 몰려들지요.

도시의 불빛은 도심 속에 자리 잡은 호수 생태계에도 영향을 미쳐요. 밝은 불빛 때문에 동물 플랑크톤이 물밑에서 올라오지 못하고 수

면의 식물 플랑크톤이 필요 이상 번식하거든요. 인공조명 사용을 될 수 있으면 줄이는 것은 에너지도 절약하고 자연환경도 보전하는 일이지요.

모기 잡다가 초가삼간 무너뜨린다고요?

1939년, 스위스의 화학자 파울 뮐러는 'DDT(디디티)'가 진드기나 벼멸구와 같은 농작물에 해를 끼치는 벌레를 없애는 데 치명적인 성질을 가지고 있다는 사실을 알아냈어요.

DDT는 농약으로 당시 전 세계 농경지와 삼림에 뿌려져 큰 효과를 나타냈어요. 또한 이가 옮기는 발진티푸스와 모기가 옮기는 말라리아 같은 전염병을 퇴치하는데 크게 도움을 주었지요.

그런데 지구 이곳저곳에서 문제가 조금씩 생기기 시작했어요.

1940년, 보르네오 섬 열대 정글에서 있었던 일이에요. 극성을 부리는 모기를 퇴치하려고 대량으로 보르네오 섬 사람들은 섬 구석구석에 DDT를 뿌렸어요. 그 이후로 말라리아 때문에 죽는 주민들이 더 이상 생겨나지 않았지요.

하지만, 생태계를 파괴한다는 이유 때문에 사용이 금지되어 버렸답니다. 우리나라에서도 1979년부터 사용을 금지했지요.

하지만 DDT는 모기에게만 영향을 끼친 게 아니라 잘 분해되지 않는 성질 때문에 생물에 섭취되면 배설이 아주 천천히 일어나므로 생체 내에 축적된다는 단점이 있었어요.

이러한 일 역시 생태계를 파괴하는 일을 가져왔는데……

DDT에 중독된 바퀴벌레나 나방이를 먹던 도마뱀 수가 줄어들자 나방이들이 급격히 늘어난 거예요…….

농약은 바퀴벌레나 나방이들까지 죽이지는 못했기 때문에 천적이 없어진 열대 우림은 나방이들로 가득 차게 되었어요. 결국, 모기가 초가삼간을 무너뜨린거나 다름없지요…….

시멘트 바닥에서 신음 소리가 들린다고요?

도시 사람들 대부분은 하루 종일 맨땅을 밟지 못하고 지내요. 아스팔트와 시멘트로 덮여 맨땅을 찾기가 그리 쉽지 않기 때문이지요. 교외에 신도시가 들어서고 도로포장이 되면서 맨땅은 점차 줄어들고 있답니다.

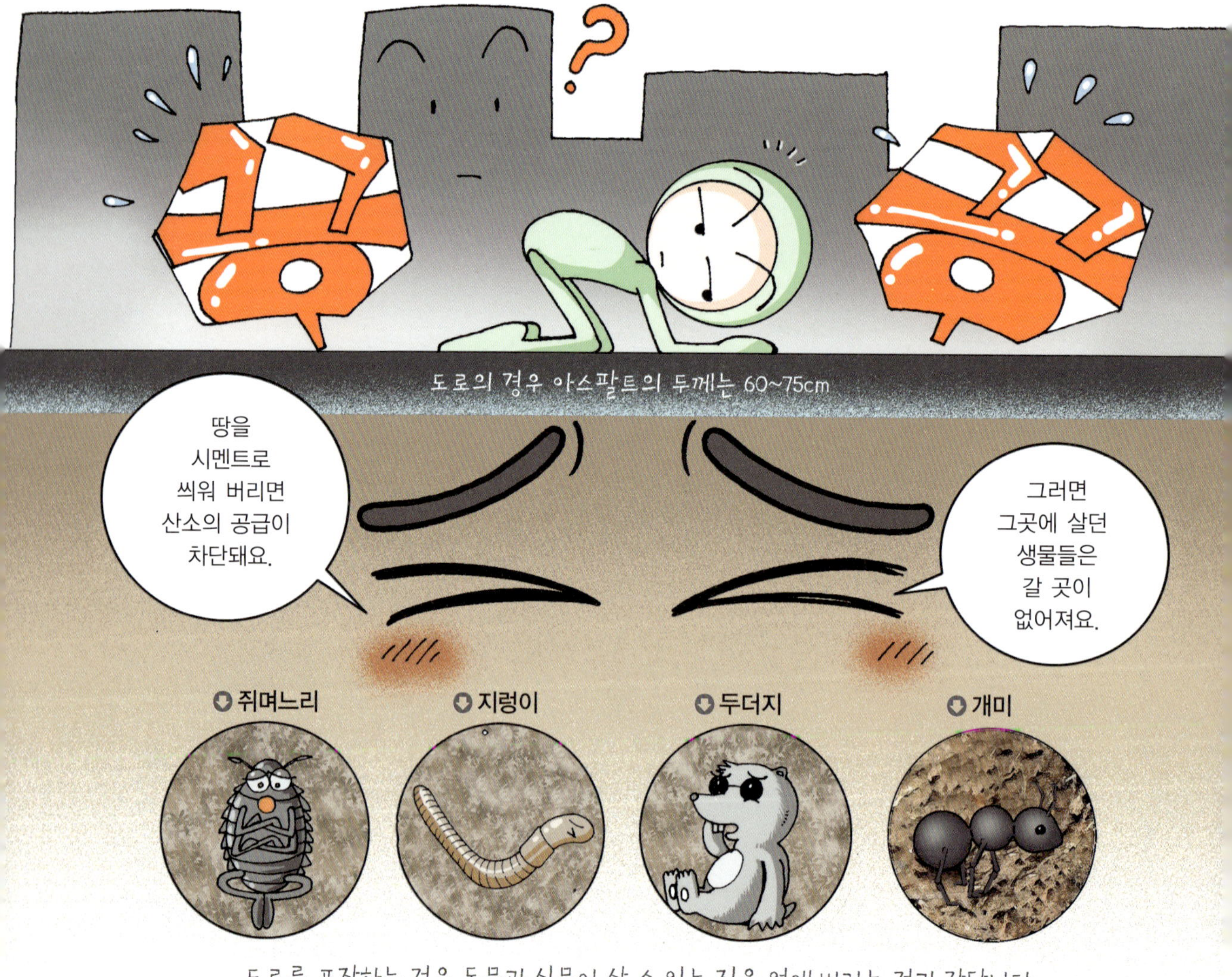

도로의 경우 아스팔트의 두께는 60~75cm

땅을 시멘트로 씌워 버리면 산소의 공급이 차단돼요.

그러면 그곳에 살던 생물들은 갈 곳이 없어져요.

○ 쥐며느리   ○ 지렁이   ○ 두더지   ○ 개미

도로를 포장하는 것은 동물과 식물이 살 수 있는 집을 없애 버리는 것과 같답니다.

언제부턴가 제비도 도시에서 사라지고 있어요. 집을 짓는 흙을 도시에서 구할 수 없기 때문이지요. 수도권에서 흔히 볼 수 있던 배추흰나비도 먹이로 삼았던 채소밭이 아파트로 변해 자연스레 우리 주변에서 사라져 버렸답니다.

제비나 배추흰나비처럼 봄이 오는 것을 알려주는 동물을 '계절 관측 동물'이라고 하는데, 이들이 사라지는 원인은 삶의 터전이 아스팔트로 덮였기 때문이에요.

땅이 포장되는 원인은 주로 아파트, 상가 건물, 도로, 주차장을 짓기 때문이에요. 사람이 살기 위해서는 어쩔 수 없다 해도 무분별하게 땅을 포장하는 것은 반드시 피해야 해요. 지금 땅속에서 동물들이 신음 소리를 내고 있을지 모르니까요.

골프장을 왜 녹색 사막이라고 하나요?

우리나라에 있는 골프장은 전 국토의 0.2%, 약 2578만 5240㎡라고 해요. 1%도 안 되는 면적을 골프장이 차지하고 있는 셈이지요. 하지만, 산지를 드넓은 초지로 조성하기 위해서는 산을 완전히 파괴해 평평하게 해야 해요. 그렇게 되면 그곳에 살던 동물과 식물들은 치명적인 피해를 입지요.

골프장이 만들어지는 과정

① 산림을 깎아요.
② 땅을 고른 뒤 물이 잘 빠지는 모래를 깔아요.
③ 흙으로 덮은 다음 잔디를 심기 때문에 물 저장 능력이 떨어지는 거예요.

전북 무주군의 골프장을 건설할 때 흙탕물이 무주 구천동 계곡을 오염시켜 35km 하류에 살던 개똥벌레의 생태계가 완전히 파괴된 일이 있었어요. 개똥벌레는 천연기념물 제322호로 보존되고 있던 곤충이니 피해가 아주 컸지요. 또 경상남도 김해에 있는 골프장 때문에 산

농약 살포

현재 골프장에 뿌려지는 농약은 농사에 사용되는 농약량의 7배!

식수 부적합

흙
모래
흙

지하수

우리 속담에 '보기 좋은 떡이 먹기도 좋다.' 라는 말이 있지만 골프장을 생각하면 보기 좋다고 무조건 다 좋은 건 아닌 것 같아요.

사태가 일어나 가옥이 침수되고 논이 잠기는 일도 발생했답니다.

뿐만 아니라 골프장 잔디를 유지하기 위해서는 엄청난 농약이 뿌려져요. 이 농약은 인근의 지하수로 스며드는데, 이 때문에 사람들은 생활 식수에 곤란을 겪게 되지요.

골프장은 소수의 사람들이 이용하는 푸른 잔디밭이에요. 하지만, 그 피해는 너무도 커요. 환경 파괴는 물론이고 거기 살던 곤충류 몇 종만 살아남지요.

골프장이 '녹색 사막' 이라고 불리는 이유, 이제 알겠지요?

산이 대머리가 되는 이유가 뭐예요?

'금수강산' 이라는 말이 있듯이 예부터 우리나라는 산림이 울창했어요. 하지만 온돌을 사용해 온 우리나라는 땔감으로 막대한 장작을 필요로 했지요.

처음에는 마을 주변의 산에서 벌목을 시작했어요. 하지만 마을 주변의 나무들이 모두 사라지자 더 먼 산으로 가야 했지요. 그래도 아직 산에는 나무가 많았거든요.

그런데 우리나라는 일제 강점기와 한국 전쟁 때 결정적 피해를 입게 되지요. 일본은 우리 산에서 좋은 나무를 베어 가 버렸고, 우리나라는 설상가상으로 한국 전쟁에 의해 국토가 초토화되어 버렸어요. 결국 산림은 10% 정도만 남게 되었고, 전후 복구에 필요한 재목을 다시 베어 내어야 했기에, 산이 거의 황폐화될 수밖에 없었어요.

> 벌목으로 인해 산에 나무가 줄어들면 비가 많이 내릴 경우 홍수 피해가 발생하기도 해요.

❶ 등산객의 취사 행위　❷ 담뱃불 부주의　❸ 성묘객의 실수　❹ 야산에서의 소각 행위

　　현재 우리나라 산에서 원시림은 거의 찾아보기 어려워요. 그나마 지금 정도의 푸름을 유지하게 된 것은 우리 모두가 열심히 나무를 심어 왔기 때문이지요. 우리 산이 자연림보다는 몇 종의 나무만 집중적으로 식목하는 조림이 많은 이유가 그 때문이랍니다.

　　'치산치수'라는 말은 삼림을 잘 가꾸면 하천을 잘 관리할 수 있다는 뜻이에요. 산에 수목이 많으면 하천의 수량이 안정되지요. 홍수가 나면 나무들이 빗물을 저장하는 역할을 해 주어 산사태를 막아 줘요. 이것은 자연환경의 안정을 위해 중요한 것이지요.

　　그런데 사람들의 부주의로 인해 산이 민둥산으로 변해가는 게 문제예요. 산불이 그 원인이지요. 산불로 타 죽은 나무와 토양은 아무리 돈을 들여도 본래의 제 모습으로 돌아올 수 없답니다.

소나무가 모두 사라질지도 모른다고요?

수백 년 이 땅을 지켜온 멋들어진 천연기념물인 소나무가 잇달아 죽어 가고 있어요. 천연기념물 제426호인 경북 문경시 산북면 대하리의 소나무도 솔잎혹파리병에 걸려 누렇게 말라죽고 있지요.

수령이 400여 년으로 추정되는 대하리의 소나무는 조선 시대 청빈의 대명사였던 황희 정승의 종택 옆에 자라던 나무였다고 전해져요. 마을 주민들은 매년 정월 대보름에 이 나무에 당산제를 지내왔지요. 하지만, 수백 년간 건강했던 이 소나무는 최근 병충해 때문에 잎이 누

훼손 전

훼손 후

🔼 천연기념물 제426호 경북 문경시 산북면 대하리 소나무

훼손 전

훼손 후

🔼 천연기념물 제104호 보은의 백송

훼손 전   훼손 후

○ 천연기념물 제353호 서천 신송리의 곰솔

천연기념물을 말라죽게 하는 장본인은 솔잎 안에 알을 낳는 '솔잎혹파리'예요. 숲 안에 습도가 높아지면 발생될 확률도 높아진다고 해요.

렇게 말라가고 있답니다.

전문가들은 소나무의 위기가 심각하다고 진단하고 있어요. 최근 소나무 에이즈로 불리는 소나무재선충병이 전국으로 확산되고 있는데다, 천연기념물 소나무까지 잇달아 죽음을 맞고 있기 때문이지요.

몇 년 사이 이렇게 재선충병이 급속히 번지고 있는 것은 지구 온난화로 매개충의 서식 환경이 좋아졌기 때문이라는 주장이 제기되고 있어요. 이러다 우리 숲의 30%가량을 차지하며 산을 사철 푸르게 만들어 주는 소나무 숲이 영영 사라져 버리지 않을까 걱정돼요.

죄 없는 동물들이 왜 털을 빼앗기고 있나요?

주변에서 밍크 코트를 입고 다니는 사람들을 본 적이 있을 거예요. 하지만 그 멋진 밍크 코트를 만들기 위해 얼마나 많은 밍크가 도살되는지 알고 있나요? 귀여운 밍크는 덫에 잡히기도 하지만 거의 모피용으로 사육되고 있어요.

모피로 사용되는 동물에는 밍크를 비롯해 미국의 여우와 독일의 너구리, 캐나다의 붉은여우, 유럽산 족제비, 검은담비, 친칠라, 앙고라토끼 등이 있어요. 모두 모피 공급을 위해 사육되고 있지요.

밍크 / 족제비 / 여우 / 검은담비 / 너구리 / 친칠라 / 붉은여우 / 앙고라토끼

매년 4,000만 마리 이상의 야생 동물이 모피 장사 때문에 죽어 가고 있어요. 이 중 3,000만 마리는 사육에 의해, 1,000만 마리는 덫에 의해 붙잡힌 동물이지요. 덫에 걸린 야생 동물들은 덫의 조임새로 인해 움직이지 못하는 상태로 피를 흘리며 굶어 죽거나 얼어 죽게 됩니다.

이렇게 해서 만들어진 밍크 코트는 1,000만 원이 넘고, 남성용 친칠라 윗도리가 3,000만 원이나 한대요. 돈을 걸치고 다니는 게 아니라 피투성이 동물을 걸치고 다니는 것 같지 않나요? 진짜 모피 코트를 입을 권리를 가진 것은 사람이 아니고 동물이 아닐까요?

습지가 생물들의 슈퍼마켓인가요?

습지는 영구적으로 습한 곳과 건조한 환경 사이를 이어 주는 곳으로, 두 환경의 특성을 공유하고 있어요. 육상 생태계와 수중 생태계를 연결하는 고리인 동시에 생물 다양성의 보고이지요. 또한 오염 물질의 정화 기능을 가지고 있어 오늘날 지구 상에서 가장 중요한 생태계 가운데 하나로 인식되고 있답니다.

해안 습지는 예부터 많은 부분이 염전이나 농토로 간척 되거나 매

'습지'란 물이 일시적 또는 영구적으로 흐르거나 고여 있는 자연적, 인공적으로 만들어진 생태계를 말하며 내륙 습지와 연안 습지로 나뉘어요.

습지는 열대 우림이나 산호초에 비교될 수 있을 정도로 지구 상에서 가장 생산성이 높은 생태계예요. 미생물, 식물, 곤충류, 양서류, 어류, 조류, 파충류, 포유류에 이르기까지 '생물들의 슈퍼마켓'이라고 할 정도로 다양한 생물을 수용하고 있어요.

미생물 / 식물 / 곤충류 / 양서류 / 파충류 / 조류 / 어류 / 포유류

'조간대'란 바닷가에서 조수(물)가 드나드는 곳.
'이탄지'는 해안 습지 등에서 수생 식물, 정수 식물의 유해가 미분해되거나 분해된 상태로 두껍게 퇴적된 땅.

립됐어요. 때로는 모기나 파리 등이 들끓고 악취가 나기 때문에 버려진 땅, 제거해야 하는 곳으로 인식됐지요. 미국에서도 이러한 부정적 인식 때문에 거의 절반 이상이 이미 사라졌답니다.

그러나 최근에는 과학의 발달로 습지의 생태학적인 과정이 밝혀지면서 습지에 대한 부정적인 인식이 바뀌었고, 오히려 잘 보존해야 하는 귀중한 자연이라는 것을 알게 됐어요. 선진국에서는 습지를 보존하기 위해 여러 가지 규제를 만들고, 우리 인간이 생태계의 한 구성원으로 다양한 생물들과 더불어 살아가기 위한 생물 다양성 국가 전략을 마련하고 있지요.

자연 상태의 갯벌이 왜 훼손되고 있나요?

갯벌은 게, 조개, 고둥 등 많은 생물의 터전이에요. 그런데 현재 갯벌에서는 개발과 국토 확장이라는 이유로 대규모의 매립과 간척이 이뤄지고 있어요. 공업 단지나 농업 및 도시 용지로 탈바꿈하거나 각종 오염 물질의 야적장(물건을 임시로 한데에 쌓아 두는 곳)이 돼 가고 있답니다.

세계적인 과학 잡지 『네이처』는 갯벌의 경제적인 가치를 지구 생태

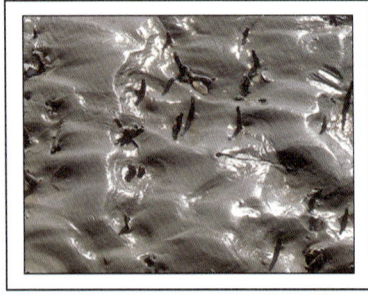

○ 펄갯벌
찐득찐득 흙이
많이 있는 갯벌

○ 모래갯벌
모래가
많이 있는 갯벌

○ 혼합갯벌
펄, 모래, 작은 돌 등이
골고루 섞여 있는 갯벌

'갯벌'에는
펄갯벌, 모래갯벌,
혼합갯벌이 있어요.
갯벌에도 종류가 있다는 게
신기하지요?

의 총 가치의 5%로 추정한 바 있어요. 이는 전 세계의 호수와 강이 갖는 생태계 가치와 맞먹는 것으로, 갯벌이 지구 생태계에서 얼마나 중요한지를 잘 보여 주는 대목이라 할 수 있지요.

미국의 꿀벌들은 어디로 갔나요?

세계 곳곳의 동식물들이 대규모로 사라지고 있어요. 환경오염에 민감한 새인 카나리아가 사라진 것은 말할 것도 없고, 1990년대 후반 이래 6,000종에 가까운 양서류가 멸종 위기를 맞은 것으로 추정되고 있답니다.

최근 미국 『뉴욕 타임스』에서 꽃과 과실의 가루받이에 큰 몫을 하는 꿀벌들이 북미 대륙 곳곳에서 무더기로 사라져 버리는 이상한 현상이 일어나고 있다고 보도했어요. 이 같은 현상이 학계에 보고되기 시작한 것은 몇 년 전부터래요.

당장 양봉업자와 농가에는 비상이 걸렸어요. 그도 그럴 것이 아몬

최근 들어 지구 상에서 꿀벌들이 사라지는 기이한 현상이 벌어지고 있는데

미국뿐만 아니라 캐나다, 브라질, 유럽, 최근에는 타이완에서도 사라지고 있다는 보고가 있었어요.

세계적으로 벌과 벌집이 사라지는 현상을 '군집 붕괴 현상(CCD)'이라고 하는데 꿀과 꽃가루를 채취하러 나간 벌들이 돌아오지 않아 벌집에 남아 있던 여왕벌, 애벌레, 미성숙 벌들까지 죽게 되어 하나의 벌집이 몰살당하는 현상을 말해요.

군집 붕괴 현상 발생 원인 5가지 가설

첫째, 사람이 제조한 각종 무선 장비들이 발생시키는 전자파

둘째, 유전자 조작물(유전자 변형 식물 등)

셋째, 실험실에서 만들어 낸 유기 화합물

넷째, 벌이 내성을 지니지 못하게 하는 정체 불명의 바이러스

다섯째, 지구 온난화

드와 블루베리, 사과, 복숭아는 가루받이의 절반 이상을 꿀벌에 의존하고 있거든요.

과학자들은 이렇게 생물종들이 사라지는 데에는 지속 가능성을 염두에 두지 않은 무리한 개발, 상업적 남획(짐승이나 물고기 따위를 마구 잡음), 온난화로 인한 먹이 사슬 파괴와 새로운 질병의 확산 그리고 홍수와 가뭄 같은 기상 이변 등 다양한 원인을 들고 있어요.

현재 지구 상에서 존재하는 식물의 상당수가 벌을 매개로 가루받이를 하여 종족을 번식해요.

따라서 벌이 제대로 활동을 못하면 식물들이 멸종되고, 결국엔 사람들도 심각한 식량난에 처할 수 있어요.

꽃가루와 꿀을 채취 중인 꿀벌들

4장
위기의 환경과 생활
(쓰레기, 소음, 먹거리)

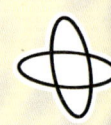

더욱 큰 문제는 갈수록 음식물 쓰레기가 많아진다는 거예요.
예전처럼 먹을 게 귀하지도 않고, 편식하는 아이들도
늘어났기 때문에 가정이나 학교, 음식점에서 발생하는
음식물 쓰레기가 계속 증가하고 있지요.
결국 우리가 남긴 쓰레기가 그대로 매립되면
토양 오염뿐만 아니라 수질 오염까지 가중시켜
지구 상의 모든 동식물의 생명을 위협하게 될 거예요.

우리나라 하루 평균 쓰레기량은 얼마나 되나요? 중에서

 학교 운동장에서 이상한 연기가 나왔다고요?

사건 당시 이곳에 살고 있던 주민들은 땅에서 누출되는 유독성 화학 물질로 인해 모두 이사를 해야 했어요.

    1970년대 초, 미국의 한 학교 주변 주거 지역에서 이상한 현상이 발견됐어요. 건물 지하실에서 이상한 물질이 피어올랐지요.

    1976년, 큰 홍수가 지나간 다음에 가로수가 점점 죽어 가는 일이 생겼어요. 정원의 꽃들도 죽어 갔지요. 많은 시민들도 통증을 호소하기 시작했어요. 그제야 사람들은 지난 수년 동안 앓아 왔던 피부병과 간 기능 이상이 땅에서 나오는 화학 물질 때문이 아닌가 하는 의심을 하게 됐답니다.

    조사 결과, 1973년부터 1978년 사이에 태어난 어린이 중 9명이 선천성 불구아로 밝혀졌어요. 뉴욕 주 정부는 학교를 폐쇄하고 전 주민들을 이주시키기로 결정했지요. 이것이 바로 '러브커넬 사건'인데, 환경에 대한 무지가 이런 엄청난 사고를 가져온다는 것을 일깨워 주는 사건이었답니다.

그런데 왜 '러브커넬'이라는 이름이 붙여졌을까요?

1892년, '윌리엄 러브'라는 사업가가 대운하를 건설해 선박을 운항하고 발전소를 세우는 계획을 추진했어요. 운하가 1.6km 정도 만들어져 갈 무렵, 재정적 어려움을 느낀 러브는 '러브커넬'이라 불리는 웅덩이만 남기고 사업을 중단하고 말았지요. 그런데 1940년대에 들어와 한 화학 회사에서 이곳을 인수해 공장에서 버리는 화학 물질을 운하에 매립했어요. 그리고 1953년에 그 주변의 땅을 시 교육 위원회에 기증했지요.

아직도 많은 사람들이 쓰레기는 땅에 묻어 버리면 안 보인다고 생각하고 있어요. 하지만 보이지 않는다고 해서 그것이 사라진 것은 아니에요. 땅에 묻은 폐기물은 땅과 지하수를 오염시키고 언젠가는 사람들에게 큰 피해를 준답니다.

쓰레기는 땅에 묻거나 태워도 문제라고요?

생활수준이 향상됨에 따라 공장이나 우리의 일상생활을 통해 발생되는 각종 쓰레기의 양이 급격히 증가하고 있어요. 쓰레기로 인한 환경오염을 방지하기 위해서는 무엇보다도 절약과 재활용을 극대화해 쓰레기 발생량을 최소화시키는 게 중요하지요.

음식물 찌꺼기를 비롯해 신문, 잡지, 플라스틱, 비닐, 건축 합판재, 고무 제품, 철 제품과 같은 생활 쓰레기는 거의 땅에다 구덩이를 파고 묻어요. 묻어 버리는 게 가장 손쉽지만 이것은 지하수로 스며들어 땅과 물을 오염시키지요. 지하로 스며들지 않도록 바닥을 튼튼히 만들어야 하지만 비용도 많이 들어요. 그리고 누가 자기 지역에 쓰레기를

우리나라에서 쓰레기의 최종 처리로 사용하는 것이 쓰레기 매립, 즉 땅에 묻는 것이에요. 쓰레기를 땅에 묻으면 장점도 있는데

침출수는 쓰레기에서 나오는 물이다.

매립장 내 쓰레기가 분해되는 과정에서 메탄가스가 발생하는데 메탄가스를 모아서 난방용 연료로 사용할 수도 있거든요.

매립장 내에서의 바른 쓰레기 처리 과정

① 매립장 바닥에 지하수가 오염되지 않도록 침출수가 새어 나가지 않게 차수막을 깔아요.
② 악취 방지를 위해 쓰레기 - 흙 - 쓰레기 - 흙의 순서로 매립해요.
③ 메탄가스는 난방용 연료로 사용하고 침출수는 따로 모아 처리해요.

◐ 불법 쓰레기 매립

불법 매립의 경우는 지하수도 오염되고 땅도 오염돼요.

어쩔 수 없이 쓰레기는 발생되는 것이지만 가장 큰 문제는 불법으로 쓰레기를 땅에 묻는 행위예요. 음식물 쓰레기나 중금속 등이 포함된 쓰레기는 독성이 강한 물을 만들어 지하수를 오염시키거든요.

독성이 강한 침출수 발생 지하수로 유입

파묻는 것을 좋아하겠어요. 인근 주민들 반대로 마땅한 매립지를 찾기도 어려운 실정이지요.

쓰레기를 처리하는 다른 방법으로 소각장을 만들어 태우는 방법이 있는데, 태울 때 나오는 열을 각 가정에서 난방용으로 활용할 수 있다는 이점이 있어요. 하지만 소각장 건설 또한 돈이 많이 들고 소각할 때 나오는 다이옥신 때문에 오염을 유발하지요. 그리고 주민들의 반대도 심해요. 소각장 인근의 아파트에서는 날아오는 검댕 때문에 빨래를 널어 놓을 수가 없대요. 또 소각한다고 해도 재가 남아서 결국 어딘가에 다시 파묻어야 한다는 결론이 나오니까요.

근본적인 쓰레기 대책은 무엇일까요? 우리가 할 수 있는 일은 쓰레기 발생을 될 수 있으면 줄이는 거예요.

우리나라 하루 평균 쓰레기량은 얼마나 되나요?

 쓰레기가 많이 발생하는 이유 중 하나가 우리의 잘못된 풍습에서 비롯되고 있어요. 대부분의 사람들은 귀한 손님이 오면 상다리가 휘어지도록 푸짐하게 차리는 것을 미덕으로 여기잖아요. 그런데 그 음식들을 다 먹지 않으면 남은 음식들은 모두 쓰레기가 되고 말지요.
 더욱 큰 문제는 갈수록 음식물 쓰레기가 많아진다는 거예요. 예전처럼 먹을 게 귀하지도 않고, 편식하는 아이들도 늘어났기 때문에 가정이나 학교, 음식점에서 발생하는 음식물 쓰레기가 계속 증가하고 있지요. 결국 우리가 남긴 쓰레기가 그대로 매립되면 토양 오염뿐만 아니라 수질 오염까지 가중시켜 지구 상의 모든 동식물의 생명을 위협하게 될 거예요.
 우리가 환경을 살릴 수 있는 방법은 그리 멀지 않은 곳에 있어요.

우선 음식을 먹을 때 한 번 더 생각해서 음식을 남기지 않는 것이에요. 그리고 편식을 하지 않고 골고루 먹어서 쓰레기를 줄여야 해요. 이것은 환경과 미래를 위한 가장 작고 손쉬운 실천 방법이지요.

배출원 별 가장 많이 나오는 쓰레기의 비율

◎ 가정
음식물 쓰레기 약 50%

◎ 사무실
종이류 쓰레기 약 50%

◎ 음식점
음식물 쓰레기 약 75%

생활 쓰레기란 일상생활에서 발생하는 쓰레기로 산업 쓰레기는 포함하지 않고 음식물 쓰레기 등을 포함하는 쓰레기

우리나라의 하루 평균 쓰레기 발생량은 생활 쓰레기만 약 7만여 톤이래요.

산업 쓰레기까지 합하면 하루에 약 12만 톤. 이것은 63빌딩 40채에 해당하는 양이랍니다.

 지금 세계는 비닐봉지 천국이라고요?

　지난 2007년 3월, 미국 샌프란시스코 감리 위원회는 연간 매출액이 200만 달러를 넘는 대형 슈퍼마켓이나 약국에서 비닐봉지를 사용하지 못하도록 하는 결정을 내렸어요. 비닐봉지에 물건을 담아 주지 못하게 함으로써 쓰레기의 양을 줄여 보겠다는 것이지요.

　미국의 슈퍼마켓은 비닐봉지 인심이 후하대요. 하나의 비닐봉지에 담을 수 있는 물건들도 여러 개에 나누는 것은 물론 두 겹, 세 겹으로 안전하게 담아 주는 경우도 흔하지요.

　현재 우리나라 광역 쓰레기 매립장의 경우도 가장 큰 골칫거리는

> 샌프란시스코의 경우 한 해 동안 대략 2억 개의 비닐봉지가 쓰인다고 해요.

> 결국 쓰레기 매립지로 보내지는 비닐봉지의 양은 연간 1,400톤에 이르게 되었답니다.

비닐이래요. 비닐을 만드는 폐합성수지의 원료는 석유예요. 나무나 종이 등 식물을 원료로 한 물질은 부패하기 때문에 매립을 해도 문제가 되지 않지만 석유를 원료로 한 비닐은 좀처럼 썩지 않기 때문에 매립장에서도 큰 골치를 앓고 있지요.

◎ 1회용 비닐봉지

값이 싸서 종이 봉투보다 더 많이 쓰이고 있는 비닐봉지가 매립되어 썩는 데는 1,000년이나 걸린다고 해요.

다행히 요즘 쓰이고 있는 종량제 봉투는 생분해 플라스틱의 한 종류로 30년 정도 지나면 자연 분해 된답니다.

◎ 종량제 비닐봉지

현재 우리나라에서도 환경을 지키기 위해 '환경 개선 부담금 제도'를 시행하고 있어요. 물건을 사면 그냥 주던 봉투를 지금은 돈을 내고 사야 하지요. 하지만 봉투를 다시 가지고 가면 돈을 돌려받을 수 있답니다.

= 50원

건전지는 왜 죽어서도 맹독을 뿜나요?

수명이 다한 건전지는 반드시 건전지 수거함에 넣어야 해요. 재활용을 하기 위해서가 아니라 폐건전지 속에 들어 있는 납, 수은, 아연, 카드뮴 같은 중금속 때문이지요. 중금속은 환경을 오염시키고 인체에 치명적인 영향을 미친답니다.

전지는 내부에 들어있는 양극(+) 음극(-)이라는 활물질의 화학 에너지를 화학반응에 의해 전기 에너지로 변화하는 장치예요.

○ 일반 알카라인 전지

우리의 생활 속에서 아주 다양하게 사용되고 있는 건전지에는 수은이 최고 27%가량 함유되어 있어요. 0.2~0.5g의 수은 중독이 사망까지 이르는 양인데, 건전지에는 최고 1.7g까지 들어 있는 것이지요.

환경오염 측면에서 볼 때, 수은 전지나 산화은 전지는 수은 함량이 많기 때문에 환경을 오염시킬 위험이 매우 커요. 우리나라에서 수은 전지의 수거율은 20%를 넘지 못하는 것으로 밝혀졌는데, 나머지 80%는 수거되지 않고 자연계에 버려져 땅이나 하천을 오염시키고 있는 것이지요.

○ 수은 건전지

수은 ○

'수은'은 은백색으로 상온에서 유일한 액체 금속이며 화학물로써의 용도가 매우 광범위해 우리 주변에서 항상 볼 수가 있어요.

건전지에 수은을 사용하는 이유는 전지 전도성 향상, 방전 성능 향상, 가공성 향상이라는 이유예요.

장점들이 있음에도 불구하고 수은은 환경에 많은 문제를 일으키는 중금속 중 하나지요.

그래서 요즘은 일반 알카라인 전지에는 거의 사용을 하지 않지만 소형으로 만들 수 있기 때문에 보청기, 카메라, 무선 마이크 등에 수은 전지가 사용되고 있어요.

미나마타병에 걸릴 거예요.

중금속의 피해

첫째, 농작물 수확량 감소
둘째, 식수원 오염
셋째, 납 - 복통, 빈혈, 시력 장애
넷째, 수은 - 기억력 감퇴
다섯째, 아연 - 탈모
여섯째, 카드뮴 - 구토와 설사

다 쓴 건전지는 저를 주세요~.

이러한 건전지들이 분리수거 되지 않고 버려진다면 우리는 중금속에 오염된 물, 농작물 등을 먹게 돼 생존에 치명적 해를 입게 될 거예요.

쓰레기의 수명은 얼마나 되나요?

우리는 쓸 수 있는 물건임에도 불구하고 유행이 지났다고, 싫증이 났다고, 고장이 났다고 무심코 물건을 버리곤 합니다. 자기가 버리는 쓰레기가 완전히 썩는 데 얼마나 시간이 걸리는지 생각하고 버리는 경우는 드물지요. 하지만 그것을 안다면 함부로 버릴 수 있을까요?

이제부터는 버리기 전에 한 번쯤 생각해 보는 게 좋겠어요.

쓰레기가 땅속에서 완전히 썩는 데 걸리는 시간

◉ 담배꽁초
10~12년

◉ 사과나 귤껍질
6개월

◉ 종이
2~5개월

◉ 우유팩
5년(팩에 밀납 성분이 코팅되어 있기 때문)

◉ 알루미늄 캔
80~100년

◉ 가죽 제품
50년

◉ 유리병
600~700년

◉ 스티로폼
500년 이상

쓰레기 중에서도 플라스틱 제품이 제일 골칫거리라고 해요. 플라스틱은 가볍고 튼튼하며 전기도 통하지 않고 잘 썩지도 않는 성질 때문에 생활 필수품, 가전제품, 장난감에 이르기까지 다양한 용도로 전 세계 사람들이 사용하고 있어요. 하지만 그만큼 버려지는 양도 엄청나지요.

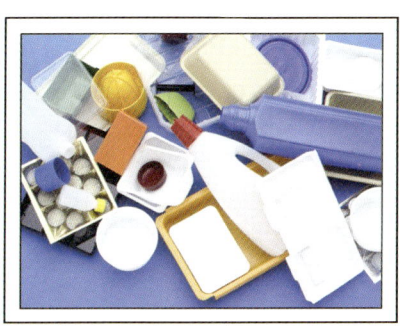

⬆ 각종 플라스틱 제품들

플라스틱은 잘 썩지 않기 때문에 땅속에 매립하면 식물의 뿌리가 뻗어가는 데 방해가 되며 공기의 이동을 방해해 이로운 미생물들을 죽게 만들기도 한답니다.

최근 환경오염을 일으키지 않는 플라스틱 개발에 힘을 쏟고 있는데, 폐플라스틱을 재활용해서 환경오염을 방지하는 것이 중요해요.

종이를 만들려면 나무가 얼마나 필요하나요?

1840년, 독일인 켈러가 나무에서 나오는 펄프로 종이를 만들었어요. 종이가 나오기 전까지는 양가죽을 물에 적셔 말린 양피지가 종이 역할을 하고 있었지요.

종이가 만들어지고 인쇄술이 발달하면서 종이의 수요가 많이 늘어나기 시작했어요. 수많은 책과 신문, 광고지, 포장지 등 종이의 쓰임새도 넓어졌지요.

종이 1톤을 만드는 데는 약 172그루의 나무가 사용된대요.

나무 172그루

종이 원료가 되는 나무가 성장목으로 자라는 데는 30년이 걸리지만

베어 내는 데는 전기톱으로 몇 분

종이를 구겨 휴지통에 넣는 데는 1초 밖에 걸리지 않아요.

한 집이 1년 동안 구독하는 신문의 무게는 약 70kg 정도예요. 이 신문들은 모두 쓰레기로 버려지는데 이렇게 버려지는 신문 1년치 분량은 1그루 반의 나무를 베어 낸 것과 같다고 합니다.

화장지의 경우 화장실 정화조를 통해 지구촌에서 매일 20만 그루의 나무가 버려지고 있대요.

1회용 종이컵은 편리하기는 하지만 전 세계에서 사용된 것들을 모아 둔다면 산 몇 개 분량은 될 거예요.

지금처럼 종이를 함부로 쓰다가는 얼마 안 가 지구의 나무가 다 사라질지도 모릅니다. 종이를 사용할 때는 최대한 아껴 쓰고 이면지를 사용하여 환경을 보호해야 합니다.

시끄러운 소리도 공해예요?

'소음'은 원하지 않는 소리로, 일상생활에서 활동을 어렵게 하는 일체의 소리를 의미해요. 우리의 생활 환경에는 늘 각종 소음과 진동이 존재하지요.

 소음은 우리들의 신경을 어지럽히고 작업 능률도 떨어뜨리기 때문에 매우 골치 아픈 환경 문제의 하나로 떠오르고 있어요. 특히 강한 소음을 심하게 듣거나 연속적으로 받게 되면 청력에 문제가 생겨 잠을 이루지 못하거나 신경질적인 성격으로 바뀔 수 있대요.
 미국의 경우, 지나친 소음 때문에 이미 1,600만 명에 달하는 청력

소음의 발생 바닥 충격음, 내부 소음, 설비 소음

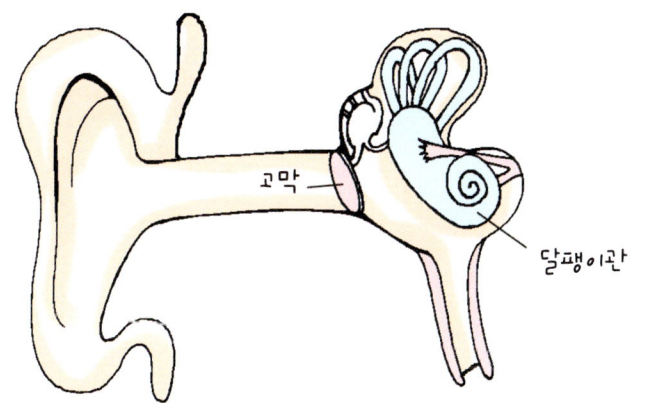

소음이 가장 큰 영향을 미치는 부분은 바로 청각에 대한 영향인데 오랜 시간 동안 큰 소리에 노출되면 고막에 손상을 가져와요. 고막이 손상되어도 소리를 들을 수는 있는데 60Hz 이하의 작은 소리는 들을 수 없게 된답니다.

손실자가 발생한 것으로 보고되고 있어요. 비교적 조용한 아프리카 오지에서 청력도를 조사한 보고서에 따르면, 70~80대의 현지 원주민들의 청력이 미국 젊은이들의 청력과 거의 비슷하대요.

지금 우리에게 필요한 것은 소음을 내지 않으려는 기본적 마음가짐이에요. 공공장소와 학교에서는 물론이고 가정에서도 남에게 피해를 끼치지 않도록 해야겠어요.

매미 소리도 소음인가요?

한국의 매미는 20여 종류가 있는데 도시의 아파트나 주택 주변에서 주로 우는 매미는 참매미, 애매미, 유지매미, 말매미 등이지요.

말매미는 매미 중 소리가 가장 크며 한 마리가 울면 근처의 동족들도 따라 우는 습성이 있어 개체가 많을 경우 끊이지 않고 운답니다.

🔼 말매미

매미 울음소리는 생활 소음 규제 기준보다 높은 120dB이나 돼요. 매미들이 지치지 않고 일제히 계속 울어대면 사람의 귀에 고통을 주는 건 당연한 일이겠지요.

시골 느티나무에서 우는 매미 울음소리는 여름을 시원하게 식혀 주지요. 그런데 도시 매미 울음소리는 환경 소음으로 변해 버렸어요. 공사장 소음에 버금가는 소음으로 들리거든요.

환경학자들은 갈수록 매미 소리가 커져가는 것이 환경적 요인 때문이라고 말하고 있어요. 도시 매미들이 도시 소음에 적응하기 위해 더 크게 운다는 것이죠.

눅눅한 장마가 지나고 불볕더위가 닥치면 도시는 매미 천지예요.

매미는 밤낮을 가리지 않고 계속 울어 대지요. 밤에도 우는 매미 때문에 아파트에 사는 사람들은 두통을 느낀대요.

밤에 매미가 우는 것은 도시의 번쩍이는 불빛 때문이에요. 매미가 밤을 낮으로 착각해 일어나는 현상이지요. 즉, 매미는 도시 공해 속에서 강인하게 살아남기 위해 더 시끄러운 소리로 우는 것이랍니다.

우리가 우는 이유는 암컷을 부르기 위해서인데 도시는 시골보다 소음이 크기 때문에 더 큰 소리로 울 수밖에 없어요.

그래서 도심의 매미와 시골 매미의 울음소리는 무려 13dB이나 차이가 났어요.

밤에도 환하게 번쩍이는 가로등과 간판의 불빛 때문에 매미는 밤낮 쉴 새 없이 우는 거예요.

껌이 환경을 오염시키고 있나요?

　껌은 단순히 씹는 것 말고도 딱딱 소리를 낼 수 있고 죽 늘어나는 성질을 가지고 있어요. 무엇이든 귀하던 옛날에는 한 번 씹던 껌을 그냥 버리기 아까워 어른 아이 할 것 없이 벽에 붙여 놓았다고 해요.

　껌의 유래는 서기 300년 무렵으로 거슬러 올라가야 합니다. 마야 족들은 고무나무의 일종인 사포딜라의 수액이 굳은, 즉 치클을 씹는 버릇이 있었대요. 이후 치클을 고무 대용품으로 사용할 수 있는지를 연구했지만, 현실적으로 적합하지 않아 단지 껌 제조용으로만 사용했지요.

　껌을 처음 생각해 낸 사람은 미국의 토머스 애덤이라는 사람이에요. 이 사람은 아이들이 고무를 질겅질겅 씹는 걸 보고 힌트를 얻었대요. 그 뒤 리글리라는 사람이 껌에 달콤한 맛을 넣어 '입 안에서 언제나 씹을 수 있는, 맛있는 과자 추잉껌'이라고 광고를 하면서 전 세계에 퍼졌어요. '씹고 있으면 몸도 건강해지는 추잉껌'이라고 과대광고도 했지요.

⬆ 고무나무

그런데 사람들이 함부로 뱉은 껌 때문에 길거리 환경이 극도로 오염되고 있어요. 미관을 해칠 뿐 아니라 버려진 껌을 제거하는 데 들어가는 청소 비용도 엄청나게 발생하지요.

싱가포르에는 특이한 법이 있어요. 바로 껌과 관련된 법인데, 환경을 생각해 껌 판매 자체를 금지했지요.

이제 우리도 환경 정책을 수용한 싱가포르 국민의 자세를 본받아야 하지 않을까요?

식품 첨가물이 뭐예요?

식품 위생법 제2조 2호에는 '식품 첨가물이란 식품을 제조, 가공 또는 보존함에 있어 식품에 첨가, 혼합, 침윤 기타의 방법으로 사용되는 물질을 말한다.'라고 나와 있어요.

식품 첨가물은 감칠맛, 단맛, 산뜻한 맛, 부드러운 맛 등 원하는 맛을 내고 색깔도 먹음직스럽게 바꿔 주며 상하지 않게 하는 데다 부풀어 오르거나 끈적이게 하는 등 못하는 게 없어요.

식품 첨가물에는 방부제, 감미료, 화학조미료, 착색제, 발색제, 팽창제, 산화 방지제, 표백제, 살균제, 향신료 등이 있어요.

식품 첨가물이 아토피 피부염을 일으킨다는 주장이 제기된 가운데 지난 2007년 1월에 식품 첨가물이 아토피 피부염과 무관하다는 언론의 보도가 있었어요. 식품 의약품 안전청의 '식품 첨가물과 아토피 피부염의 상관관계' 연구 결과를 보도한 것이지요.

그러나 식품 의약품 안전청의 실험 방법이 논란이 됐어요. 실험 방법에 문제가 있다는 의견이 제기되기도 했지요.

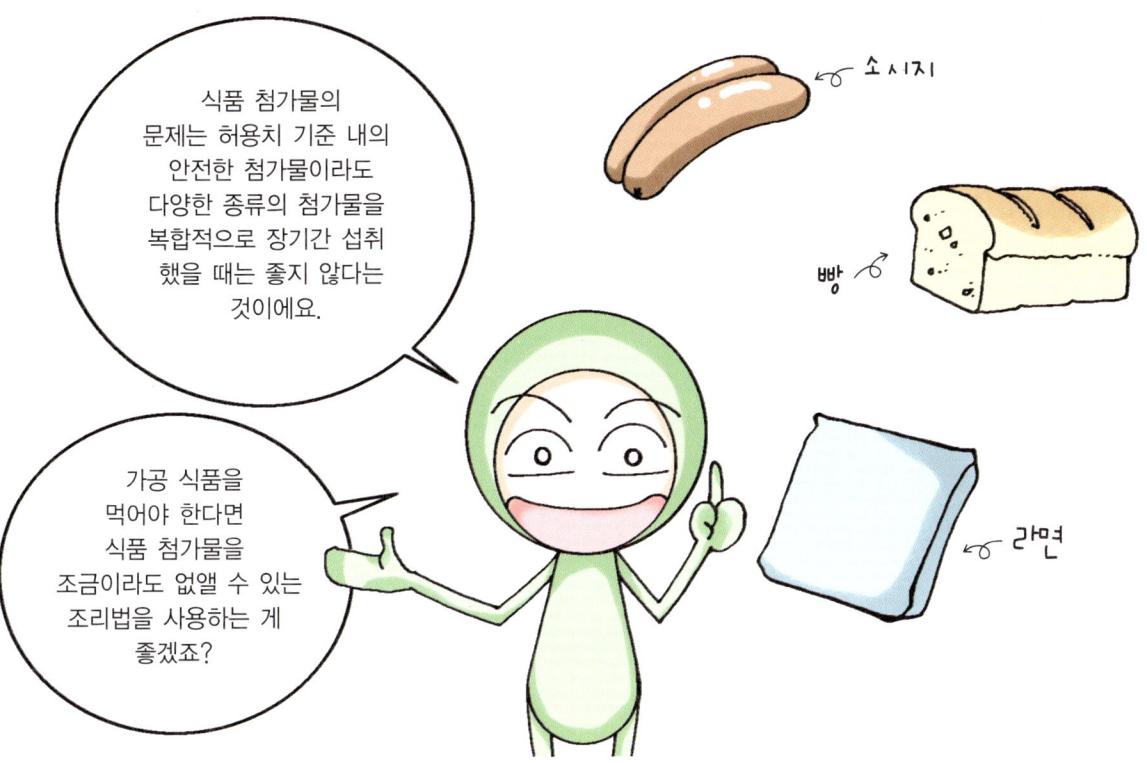

소시지 조리 전에 끓는 물에 한 번 데치거나 담가 둔다.
빵 팬이나 오븐에 살짝 구우면 방부제의 잔존량이 줄어듦. 식빵도 그냥 먹지 않는다.
라면 면을 끓인 물은 버리고 다시 끓는 물을 부운 후 스프를 넣어 먹는다.

환경 운동가들은 여전히 식품 첨가물의 유해성을 홍보하고 있어요. 알레르기 질환은 유전뿐 아니라 환경과 정신·신체적 조건이 복합적으로 영향을 미치는데, 환경 공해와 인스턴트 식품 등에 들어 있는 식품 첨가물이 알레르기 질환의 발병률을 증가시키고 악화시키고 있다는 것이지요.

우리나라에서 허용하고 있는 식품 첨가물은 화학 합성물만 500여 종에 달한대요. 물론 엄격한 검사를 거쳐 허용 기준치를 넘지 않는 식품들이 시중에 나와 있지만, 우리가 화학 첨가물을 먹고 있다는 사실을 알고 있어야 하지 않을까요?

유전자 변형 식품은 안전하나요?

'유전자 변형'이란, 한 종으로부터 유전자를 얻은 뒤에 이를 다른 종에 삽입하는 기술을 말해요. 1953년에 세포 속 DNA의 구조가 밝혀지고 1970년대 이후 DNA를 자르는 게 가능해지면서 이러한 기술도 가능해졌지요.

유전자 조작이 벼, 감자, 옥수수, 콩 등의 농작물에 행해지면 '유전자 조작 농작물'이라 부르고, 이 농산물을 가공하면 '유전자 변형 식

넓은 미국 땅에서 쉽게 무르지 않는 토마토를 팔기 위해 무르게 만드는 유전자를 찾아내 이를 억제하는 유전자를 만들어 토마토에 주입한 거예요.

'유전자'란 염색체 가운데 일정한 순서로 배열되어 생식 세포를 통하여 어버이로부터 자손에게 유전 정보를 전달하는 인자예요.

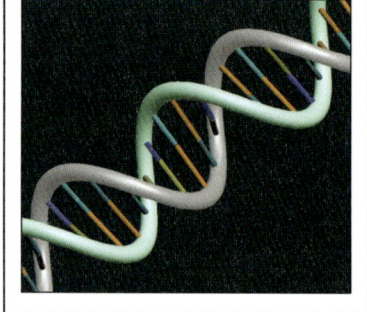

◐ 유전자의 본체 DNA

◐ 세계 최초 유전자 변형 토마토

세계 최초의 유전자 변형 식품은 1944년 미국에서 만들어진 프레스세이브란 상표의 토마토였어요.

해충 저항성 유전자 변형 옥수수

제초제 저항성 유전자 변형 콩

품'이라고 해요. 이 기술은 아직 초보 단계에 있기 때문에 현재 콩, 옥수수, 벼와 같은 품종에 대해서만 신기술을 이용하고 있지요.

사람들이 유전자 변형 식품을 옹호하는 이유는 식량난 해결 외에도 해충에도 잘 견디는 강한 품종으로 개량할 수도 있고 단시간 내에 많은 수확량을 올릴 수 있기 때문이에요. 맛과 영양을 획기적으로 개선하거나 약용 성분을 주입해 영양 결핍도 해결할 수 있다는 것이지요.

그러나 반대하는 사람들의 입장은 유전자 조작 농산물이 지금 몸에 이상을 일으키지 않는다고 해도 앞으로도 아무런 문제가 없을 것이라고 보기 어렵다는 거예요. 또 유전자 변형은 생명 조작이요, 생명을 훼손하는 행위라는 것이지요. 특히 유럽 국가에서 반대가 심한데, 유럽의 농민·소비자·환경·사회단체들은 1990년대 중반부터 반대 운동을 펼쳤답니다.

유기농 산물은 어떻게 만드나요?

과일 가게에 가 보면 반질반질하게 윤이 나는 사과를 볼 수 있어요. 아무리 사과가 예쁘더라도 과일을 먹을 때는 반드시 씻어 먹거나 깎아 먹어야 해요. 그렇지 않으면 농약을 그대로 먹게 되거든요.

요즘 대형 마트에 가 보면 유기농 산물 코너가 따로 마련돼 있지요? 가까이 다가가서 가격을 보면 다른 농산물에 비해 값이 훨씬 비싼 것을 알 수 있을 거예요.

친환경 농산물에는 유기농, 전환기 유기농, 무농약, 저농약 이렇게 4가지로 구분해요.

'유기농'은 3년, '전환기 유기농'은 1년간 농약과 화학 비료를 사용하지 않고 퇴비 등을 사용해 재배, 수확한 농산물.

'무농약'은 농약은 쓰지 않았지만 화학 비료를 법 기준치 내에서 사용한 경우이고

'저농약'은 농약과 화학 비료를 모두 사용한 경우예요.

따라서 친환경 농산물이라 해서 모두 유기농은 아니니, 식품 재료 선택에 참고하세요~.

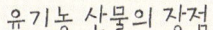

유기농 산물의 장점
❶ 맛과 향이 좋다.
❷ 영양가 함량이 높다.
❸ 인공 첨가물을 넣지 않아 신선도가 오래 지속된다.
❹ 농사에 이로운 곤충이나 새들이 번식할 수 있는 환경을 만든다.

> 친환경 농산물에는 각각 마크가 있어요. 알아 두면 좋을 거예요.

◐ 유기농 산물(왼)
◐ 무농약(오)

◐ 저농약(왼)
◐ 전환기 유기농(오)

한미 자유 무역 협정(FTA), 우루과이 라운드의 체결과 수입 개방 등을 계기로 수입 농산물이 물밀듯이 들어오고 있어요. 외국산 농산물이 낮은 가격으로 소비자들을 유혹하고 있지요.

이때 유기농 농산물은 질이나 안전성 측면에서 수입 농산물과 차별화된답니다.

> 단지 가격이 싸다는 이유로 외국산 농산물을 고르면 안 돼요. 물건을 고르기 전, 우리나라 농산물을 한 번만 더 생각해요. 그게 바로 우리의 건강을 지키는 일이니까요.

5장
실천하는 환경 보호

난지도에 쓰레기가 모이기 시작한 것은 그리 오래되지 않았어요.
1977년까지 난지도는 난꽃과 영지가 자라던 섬으로,
'꽃섬'이라고 불릴 정도로 아름다운 섬이었어요.
그런데 1978년에 정부가 쓰레기 매립장으로 지정하면서 훼손이
시작됐지요. 그로부터 16년이 지난 1993년에는 매립량이
초과돼 폐쇄를 하기에 이르렀어요. 그러자 정부에서는
이곳에 생태 공원을 조성해 환경을 복원하기 시작했지요.

난지도가 아름답게 변신했다고요? 중에서

나무 위에서 원숭이처럼 생활을 했던 여자가 있다고요?

900년 묵은 삼나무 한 그루를 지키기 위해 15개월이 넘도록 나무 위에서 생활한 사람이 있어요. '줄리아 힐'이라는 미국의 환경 운동가가 그 주인공이지요.

줄리아 힐이 힘겨운 환경 지킴이로 나선 것은 캘리포니아 주 북서부 훔볼트 컨트리에 있는 삼나무 때문이었어요. 그녀는 나무를 지키기 위해 벌목 회사의 협박과 폭풍우에도 굴하지 않고 나무 위에서 생활을 했답니다.

1996년 여름, 줄리아 힐은 음주 운전자의 차에 치여 병상에 누워 있을 때 자신이 세상을 위해 할 일이 있을 것이라는 믿음을 가졌어요. 그리고 퇴원하자마자 여행을 떠났고, 캘리포니아 훔볼트 지역에서 무참하게 벌목을 당하고 있는 숲을 발견했지요.

줄리아 힐은 자신이 상속받은 전 재산을 숲 살리기에 기부했어요. 그리고 삼나무 위에 올라가 생활하면서 벌목꾼들을 향해 외쳤지요.

◎ '줄리아 힐'의 집

"이 숲은 절대 파괴하지 못합니다!"

줄리아 힐은 나무 위에서 오랫동안 투쟁했어요. 숲을 지키는 단 하나의 파수꾼처럼 나무 위에서 내려오지 않았지요. 마침내 벌목 회사도 두 손을 들고 말았답니다.

자연 보존을 잘하면 돈을 벌 수 있나요?

세계 최대 소금 사막인 우유니는 볼리비아의 해발 고도 3,653m의 고지대에 위치해 있어요.

우유니 소금 사막은 우기인 12~3월경에 20~30cm의 물이 고여 얕은 호수가 만들어져요.

마치 거울 같죠?

○ 우유니 소금 사막
수만 년 전 강이 유입되던 호수가 말라가면서 수분 중의 염분이 뭉쳐 만들어짐.

　자연 보존의 참뜻은 어떻게 하면 자연을 훼손시키지 않고 우리도 잘살고 우리 자손도 잘살게 하느냐 하는 것이에요.
　그런데 자연 보존을 잘해서 돈을 아주 많이 버는 나라가 있어요. 남아메리카의 볼리비아가 바로 그 주인공이지요.
　볼리비아에는 여행자들의 발길이 끊이지 않는 유명한 호수가 하나 있는데, 이곳이 바로 면적 1만 2,000㎢의 우유니 호수랍니다. 시시각각 빛깔을 달리하는 우유니 호수의 주위에는 멋진 소금 사막과 활화산이 펼쳐져 있지요.

그런데 어떻게 산 위에 소금 사막이 있을 수 있을까요?

1억 년 전, 지구의 지각 변동으로 바다가 솟아올라 산꼭대기에 호수가 생겼다고 해요. 비가 적고 건조한 기후가 오랜 세월 지속되는 사이, 호수의 물이 태양열에 증발해 버리고 딱딱한 소금으로 변해 버린 것이지요.

그런데 기적적인 일은 소금 사막의 소금이 모두 먹을 수 있는 소금이라는 사실이에요. 그래서 우유니 사막은 '하늘이 내려 준 소금 사막'이라는 별명을 얻었지요.

볼리비아 정부는 이 소금 사막을 현재까지 소중히 보존하고 있답니다. 20억 톤에 이르는 우유니 사막의 막대한 양의 소금은 볼리비아 사람들이 수천 년을 먹고도 남을 양이지만, 볼리비아 정부는 미래의 후손들을 위해 함부로 채취하지 못하게 보존하고 있어요. 자연환경은 우리 모두의 소중한 자산이기 때문이지요.

◐ 우유니 사막의 소금

이 시대를 사는 우리만이 아니라 미래를 살아갈 후손들을 위해서도 자연을 보존하는 것은 결코 남의 일이 아니에요. 자연환경은 우리 모두의 소중한 자산이기 때문이지요.

공기를 더럽히지 않는 교통수단이 있나요?

지금까지의 교통수단 중에서 가장 이로운 발명품인 자전거! 자전거는 누가 발명한 것일까요? 자전거는 자동차와 같이 매연과 먼지를 일으키지도 않고, 도시 곳곳에서 교통 혼잡을 일으키지도 않아요. 이런 점에서 볼 때 자전거 타기는 우리가 당장 실천할 수 있는 환경 운동이라고 할 수 있어요. 교통량도 줄이는 것은 물론 대기 오염도 줄일 수 있으니까요.

자전거는 15세기에 활동한 이탈리아의 만물박사 레오나르도 다빈치의 유물에서 설계도가 발견될 정도로 오랜 역사를 갖고 있어요. 여기에 독일의 드라이스 남작(1818년), 영국의 맥 밀란(1839년), 프랑스

의 피에르 미쇼(1861년) 등의 지혜가 한군데 모여서 이루어진 합작품이지요.

그러나 엄밀한 의미의 자전거 발명자는 어디까지나 피에르 미쇼예요. 현대와 같은 자전거를 만든 사람이 바로 '피에르 미쇼'거든요. 기존의 틀에다 '페달'이라는 아이디어를 보태서 혁신적 변화를 가져온 대발명품이랍니다.

165

옥수수와 장작으로 자동차가 달릴 수 있나요?

기름 대신 옥수수를 넣어도 자동차가 달린다고요?

에탄올은 에틸알코올이라고도 하며 술의 주성분이에요.

에탄올은 가솔린보다 에너지 효율도 높고 공기를 오염시키는 일산화탄소나 탄화수소 배출량도 아주 적어요.

그래서 옥수수가 미래의 에너지로 큰 대접을 받고 있어요.

옥수수로 자동차 연료를 만들 수 있다면 믿어지나요? 그런데 정말 만들 수 있대요.

옥수수에서 뽑아낸 '에탄올'이라는 연료가 바로 그것이지요. 술을

빚듯이 옥수수를 발효시키면 에탄올을 얻을 수 있대요.

옥수수 연료로 자동차가 붕 하고 달리는 모습을 상상해 보세요. 도시의 공기가 맑아지겠지요? 머지않아 옥수수로 달리는 비행기도 볼 수 있을 거예요.

그리고 장작으로 달리는 자동차도 개발됐어요. 세르비아의 한 자동차 기술자가 장작을 태워 달리는 자동차를 만들어 출퇴근을 하고 있지요. 시동을 거는 시간이 20분 정도 걸려 힘은 들지만 최고 시속 85km는 거뜬히 나간답니다.

◎ 장작으로 가는 자동차
주연료는 장작이 타면서
불완전연소 때문에 발생하는 일산화탄소

 환경 정화 운동으로 환경을 되살릴 수 있나요?

　1901년, 일본 후쿠오카 근처 기타큐슈라는 도시에 제철 공장들이 생겨났는데, 빽빽이 늘어선 공장 굴뚝에서는 매일 연기가 뿜어져 하늘로 올라갔어요. 하늘은 공장의 자욱한 연기 때문에 늘 침침했지만 어촌 사람들은 새 일터가 생겼다며 좋아했지요.

　그런데 몇 년이 지나면서 바닷물이 짙은 회색으로 변하기 시작했어요. 하늘은 일곱 빛깔의 괴상한 연기로 뒤덮여 먹구름처럼 변해 버렸고, 조개들도 하나둘씩 사라지기 시작했지요. 물고기들도 깨끗한 물을 찾아 먼바다로 도망쳐 보이지 않았답니다.

　어린이들의 피부병이 더욱 번지자 어머니들이 길거리로 팔을 걷어붙이고 나서기 시작했어요. '푸른 하늘이 그립다.' 라고 쓰인 손 팻말

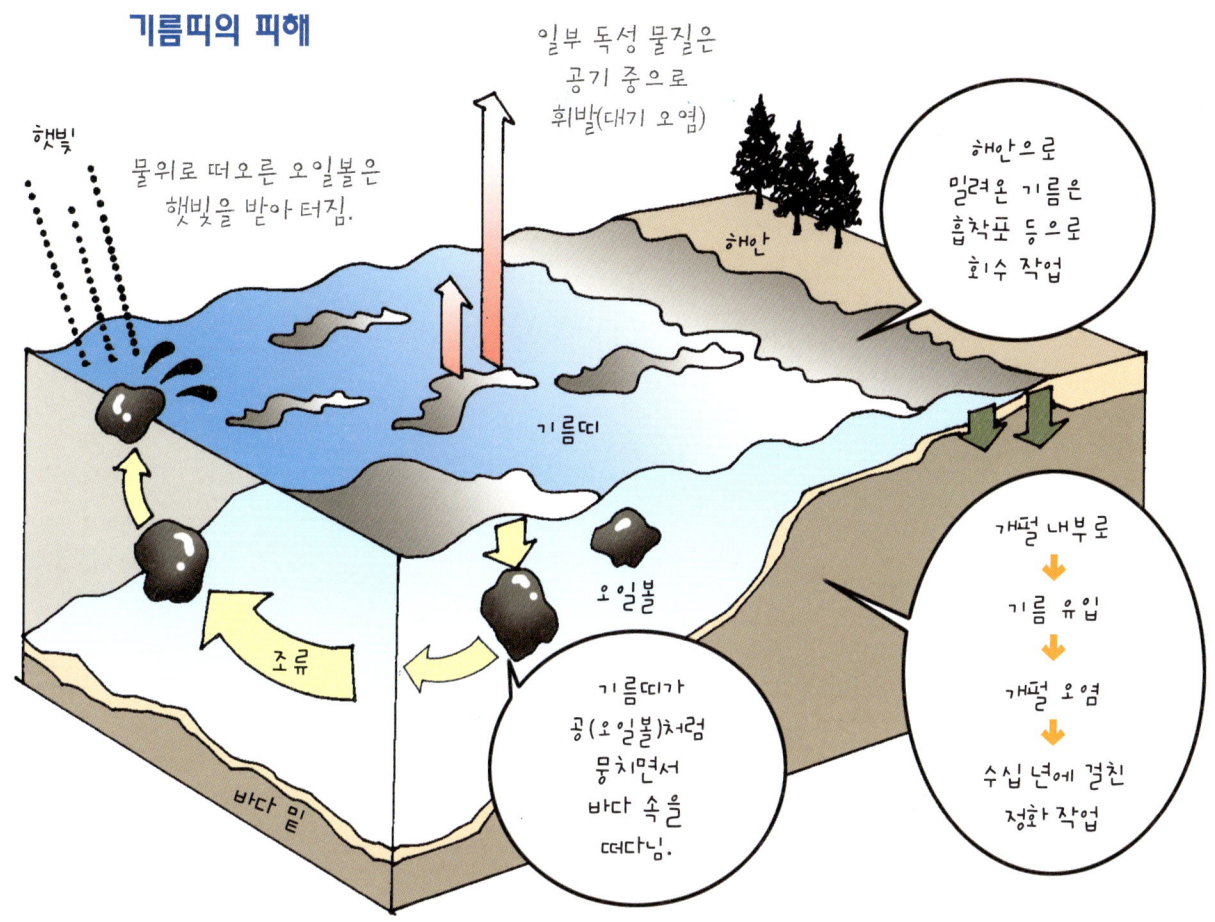

을 들고 공장으로 쳐들어가기 시작했지요. 어머니들은 조를 짜서 공장에서 나오는 오염 물질을 감시하기 시작했답니다.

어머니들이 주축이 된 환경 운동 단체는 계속해 정화 운동을 추진했고, 그 결과 정부를 움직일 수 있었어요. 일본 국회를 통해 14개 방지법이 통과됐고, 하수 처리와 녹지 조성 그리고 쓰레기 처리 비용이 지원됐지요. 결국, 해안에는 100여 종의 어패류가 다시 돌아왔어요. 하늘에도 별빛이 다시 살아났지요. 1987년, 기타큐슈는 '별빛 하늘의 도시'에 선정됐답니다.

가정에서 생기는 환경 호르몬을 막을 수 있나요?

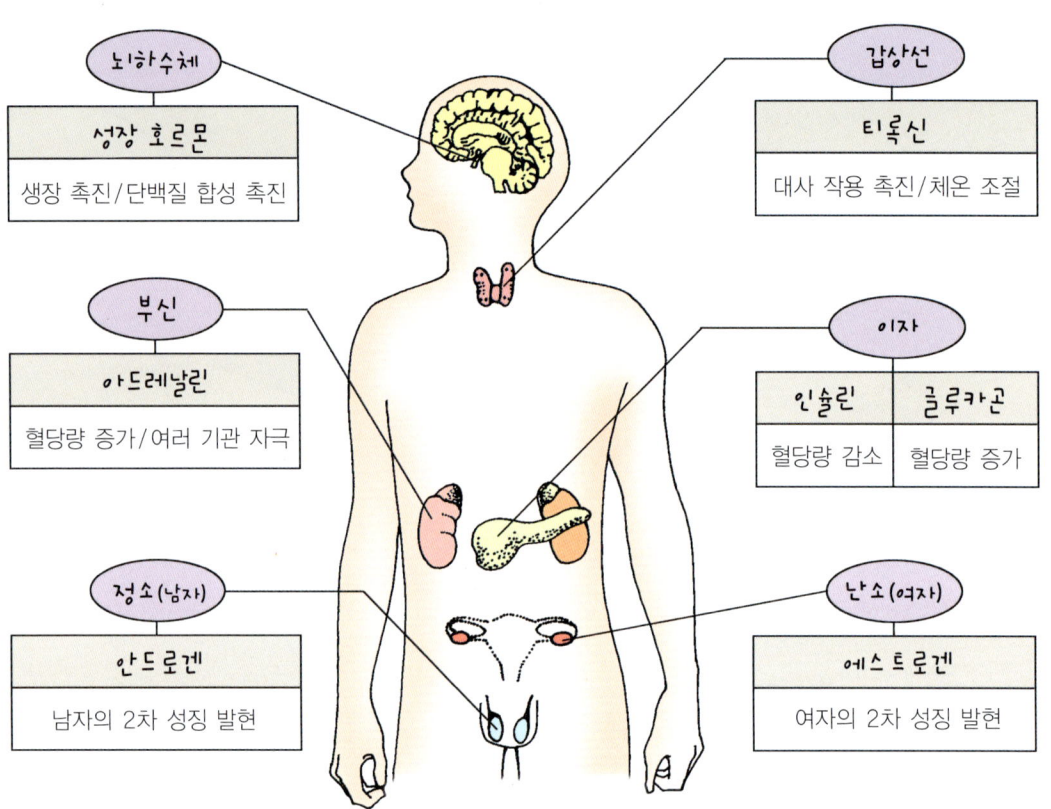

사람의 내분비선과 분비되는 호르몬의 종류

'호르몬'이란 동물체의 특별한 선(腺)에서 형성되어 체액에 의하여 체내의 표적 기관까지 운반되어 그 기관의 활동이나 생리적 과정에 특정한 영향을 미치는 화학 물질을 말해요.

'환경 호르몬'이라는 말은 최근에 생긴 말이에요. 몇 년 전까지는 이런 말이 존재하지도 않았지요.

밀가루로 풀을 쑤어 도배를 했던 시절이 있었어요. 하지만 요즘에는 거의 화학 풀을 사용하지요. 이 화학 풀을 사용하다 보면 눈이 맵

'환경 호르몬'이란 '인체의 내분비 계통에 이상을 가져올 가능성이 있는 물질을 통틀어 이르는 말'로 "환경 중에 배출된 화학물질이 생물체 내에 유입되어 마치 호르몬처럼 작용한다." 하여 생긴 신조어예요.

대표적인 환경 호르몬

▶ 선박용 페인트의 트리부틸주석(TBT)
▶ 쓰레기 소각장의 다이옥신
▶ 플라스틱 식기의 폴리카보네이트
▶ 컵라면 용기 외 각종 식품 용기의 스티렌 다이머

환경 호르몬은 지극히 적은 양으로 생태계 및 인간의 생식 기능 저하, 성장 장애, 기형, 암 등을 유발하는데 중대한 영향을 끼친답니다.

일상생활에서의 환경 호르몬을 막는 방법

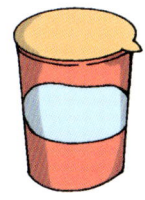

▶ 컵라면과 같은 플라스틱 용기에 담긴 음식을 먹지 않는다.
▶ 아이들이 플라스틱 장난감을 입에 넣지 않도록 한다.

고 머리가 띵한 현상을 경험할 수 있는데, 이처럼 우리 주위에 있는 물질의 화학성분이 우리 몸 안으로 들어와서 마치 호르몬처럼 작용하는 것을 '환경 호르몬'이라고 해요.

환경 호르몬으로 의심되는 물질로는 다이옥신, 살충제 성분, 중금속 성분을 들 수 있지만 아직까지 사람에게 끼치는 영향은 정확히 밝혀지지 않은 상태예요. 하지만 동물을 통해서 실험한 결과 생식기의 기형, 정자 수 감소, 새끼 수 감소, 성장 지연, 면역 기능 저하를 일으킨 것으로 알려져 있지요.

우리 가정에서 어떤 화학 물질이 환경 호르몬 역할을 하고 있는지 알아 둘 필요가 있답니다.

주방에서 쓸 자연 세제가 있나요?

물이 자주 닿는 싱크대나 유리컵은 사용 후 바로 씻어도 물때가 끼게 마련이죠. 이럴 때 감자 껍질을 이용하면 감자 전분이 물때를 깨끗하게 없애 주고 물때가 끼지 않도록 방지하는 역할도 해요.

유리컵을 닦을 때는 유리컵에 감자 껍질을 넣고 물을 채운 뒤 흔들어 주세요.

끓인 물에 레몬 한 조각을 넣은 후, 오래 사용해 때가 꼬질꼬질 낀 손수건이나 양말을 넣어 보세요. 하루쯤 담가 놓으면 깨끗해진답니다.

주방의 기름때는 레몬에 소금을 조금 묻혀 닦으면 말끔해져요. 레몬에는 구연산이라는 산성 성분이 있으니까요.

우리가 환경을 지키기 위해서는 환경오염을 일으키지 않는 방법을 탐구해 일상생활에서 실천할 수 있어야 해요. 그중에서도 주방에서 실천할 일이 정말 많지요.

베이킹 소다를 이용한 청소법

주방뿐만 아니라 집 안 청소를 할 때 유용한 친환경 세제로 '베이킹 소다'가 있어요.

베이킹 파우더와 헷갈리면 안 돼요~.

베이킹 소다는 식용이 가능한 소다

용액으로 만들 때

소다 4스푼

채소나 과일에 골고루 뿌려 문지른 뒤 물로 헹궈 주기

젤로 만들 때

3 : 1

벌레 물린 곳이나, 발에 생긴 굳은 살 제거 시 사용

스폰지를 이용할 때

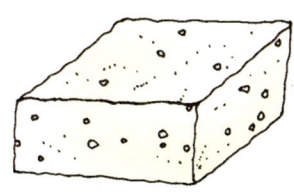

물에 젖은 스폰지에 소다를 뿌려 사용. 바닥, 창문, 크레용 자국을 지울 때

가루를 직접 쓸 때

카펫 청소시, 세탁 보조제

소다를 직접 뿌리고 젖은 스폰지로 닦아 낸다.

'베이킹 소다'는 연마 작용, 중화 작용, 연수 작용, 탈취 흡습 작용, 발포 팽창 작용 등을 통해 천연 세제의 역할을 톡톡히 하고 있답니다.

일회용품을 줄여야 환경이 살아나나요?

길거리에 쓰레기는 넘쳐 나고 매립할 곳은 점점 찾기 어렵고……. 쓰레기는 정말, 지구의 골칫거리예요.

특히 간편하다는 이유로 사람들이 일회용품을 너무 많이 사용하고 있어요. 하지만 일회용품으로 인한 환경오염이 심각해요. 버려진 일회용품은 썩지 않고 오랫동안 남아서 환경을 오염시키거든요. 이대로 두면 깨끗한 환경을 영영 볼 수 없게 될지도 몰라요.

일회용품 사용이 증가하면 결국에 피해를 입는 것은 사람이에요. 쓰레기가 많아지면 땅이 더러워지고 살기도 더욱 힘들어지지요.

다른 나라의 초등학교 축구팀이 우리나라에 온 일이 있었어요. 우리나라 어린이 축구팀과 다른 나라 어린이 축구팀은 친선 경기를 마치고 식당에 마주 앉았지요.

그런데 음식을 기다리는 사이에 매우 놀라운 일이 일어났어요. 다

른 나라 어린이들이 나무젓가락을 부러뜨린 뒤 나눠서 사용하는 거예요. 쓰레기의 양을 적게 하려는 그들의 지혜와 습관을 본 우리나라 어린이들도 젓가락을 부러뜨리기 시작했지요.

우리에게는 쓰레기를 만들지 않겠다는 태도가 필요해요. 아무리 작은 일이라도 실천해 보는 것은 어떨까요?

종이컵 대신 여러 번 사용할 수 있는 컵을 사용하고, 일회용 젓가락과 접시를 추방하는 것은 물론, 일회용 도시락, 수저, 포크, 나이프, 나무 이쑤시개 등 일회용품의 사용을 줄여야 해요. 또한, 사용한 일회용품은 분리수거를 하여 재활용 해야 하며 어린이용품 중 문구류나 장난감에 사용되는 과대 포장을 줄여야 하지요.

빨래를 덜하면 하천이 살아날까요?

빨래할 때 사용하는 가루비누가 강물과 하천을 크게 오염시키고 있다는 사실을 알고 있나요? 그런데 더욱 놀라운 사실은 우리나라의 어머니들이 세제를 정량의 4~5배, 많게는 20배까지 과다 사용하고 있다는 거예요.

600만 대의 세탁기에서 세탁 시간을 10분 이내로 줄인다면 전기는 연간 430만 kWh(4억 3,000만 원 절감)가 절약돼요. 이산화탄소 배출

○ 합성 세제에 의한 강물 오염

합성 세제는 다른 오염 물질과는 달리 물에 녹는 상태에서 미생물에 의한 분해가 어렵고 물위에 거품이 생기게 되어 산소가 물속에 들어갈 수 없게 만들어요.

량도 2,391톤 정도 줄일 수 있지요. 다림질을 할 때도 옷감을 모아 한꺼번에 다림질하고 될 수 있으면 전력 소비가 많은 시간은 피하는 게 좋아요. 1,300만 가구에서 다림질 시간을 1주일에 30분씩만 줄여도 전기는 연간 2억 kWh(약 200억 원 절감)가 절약되지요. 이산화탄소 배출량도 11만 2,000톤 정도 줄일 수 있답니다.

생활 폐품을 다시 꽃피우는 방법은 무엇인가요?

종이, 헌 옷이나 이불, 캔과 유리는 쓰레기봉투에 담아서 버리지 않고 따로 분류를 해 모아야 해요. 재활용을 하기 위해서지요. 어떤 과정을 거쳐 재활용되는지 알아볼까요?

폐지가 재생 종이가 되는 과정

❶ 시, 군, 구의 청소 차량이 폐지를 수집해 재생 업체로 넘겨요.

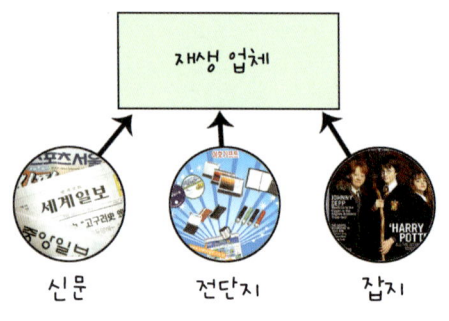

❷ 재생 업체에서는 폐지를 물과 약품에 섞어 섬유 입자로 풀어 줘요.

❹ 이렇게 만들어진 종이는 용도에 따라 재단 과정을 거쳐 다시 사용돼요.

❸ 초지 과정을 거쳐 탈수, 밀착, 건조 및 광택 과정을 거쳐 종이를 만들어요.

초지 과정은 틀에 종이를 뜨는 과정

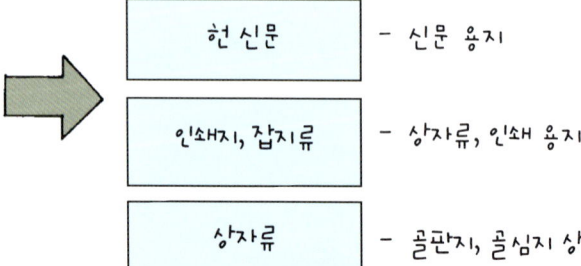

우리들이 입다 버린 헌 옷가지도 선별 작업을 거쳐 다시 원단으로 태어나요.

배출된 캔은 각종 기계 부품으로 다시 만들어요.

플라스틱

전자·공업용품	- 전자 부품, 자동차 부품, 가전제품 케이스 등
농·어업용품	- 어업용 로프, 농작물 멀칭 필름 등
건설자재	- 보도블록, 정화조, PVC파이프, 물받이, 합성 목재 등
기타제품	- 사진, 액자 틀, 욕실 발판, 신발 밑창 등

헌 유리병이 새 유리병으로

① 유리를 1,500℃ 이상의 고온으로 녹여요.
② 성형기에 넣어 원하는 형태의 제품 모양으로 만들어요.
③ 서서히 냉각 후 가공 처리해요.

의류를 제외하고 재활용 마크가 붙어 있는 제품들은 꼭꼭 분리수거 해야겠죠?

폐식용유로 무공해 비누를 만들 수 있나요?

폐식용유는 미생물의 활동을 저해시켜 물의 정화 능력을 떨어뜨리고 수질을 오염시켜요. 하지만 아주 간단한 방법으로 무공해 비누로 탈바꿈할 수 있어요.

    각 가정에서 튀김 요리 등으로 사용하고 난 폐식용유는 대부분 하수구에 그대로 버리기 쉬워요.
    하지만 버려지는 폐식용유를 모아서 재활용 비누를 만들어 쓴다면 경제적일 뿐만 아니라 폐유를 하수구에 버림으로써 생길 수 있는 수질 오염을 방지할 수 있지요.
    폐식용유를 이용해 만든 비누는 때도 잘 빠져요. 그리고 비용도 시중 비누 가격의 절반밖에 들지 않아 경제적이지요.
    또한 형광 증백제, 표백제, 보강재 같은 인공 첨가물이 들어가지 않아 피부에도 좋아요. 여러분도 한번 폐식용유로 무공해 비누를 만들어 보세요.

폐식용유 1L면 4가구가 한 달간 사용할 수 있는 재생 비누를 만들 수 있어요. 그리고 가성 소다는 반드시 98%짜리 2.7~3kg을 준비하세요.

재생 비누 만들기

❶ 폐식용유 거르기

폐식용유를 대나무 소쿠리나 철망으로 걸러 큰 대야에 담아요.

❷ 가성 소다수 만들기

가성 소다는 몸에 해로우니 다룰 때 주의해야 해요. 가스도 발생하므로 환기가 잘 되는 곳에서 작업하고 가성 소다를 먼저 그릇에 담고 물을 부어야 해요.

❸ 폐식용유에 가성 소다수 붓기

가성 소다수를 폐식용유에 붓고 약 40분 정도 한 방향으로 저어 주면 시간이 지날수록 색깔이 옅어지고 뻑뻑해져요.

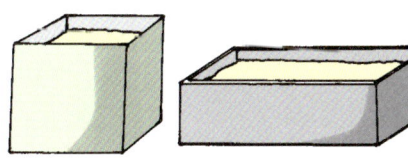

❹ 통에 담아 말리기

플라스틱 용기, 우유팩 등에 붓고 7~10일 정도 통풍이 잘되는 곳에서 말리면 완성!

주의! 가성 소다수를 만들 땐  와  을 꼭 착용하세요~.

난지도가 아름답게 변신했다고요?

쓰레기 더미가 아름다운 생태 공원으로 변화될 수 있을까요?

2002년에 문을 연 하늘 공원, 노을 공원, 난지천 공원과 상암 경기장은 쓰레기 더미를 복원해 만들어진 공원이에요. 자연의 놀라운 치유력은 쓰레기 산에 다시 맹꽁이, 족제비, 황조롱이가 놀러 오도록 만들었지요.

난지도에 쓰레기가 모이기 시작한 것은 그리 오래되지 않았어요. 1977년까지 난지도는 난꽃과 영지가 자라던 섬으로, '꽃섬'이라고 불릴 정도로 아름다운 섬이었어요. 그런데 1978년에 정부가 쓰레기 매립장으로 지정하면서 훼손이 시작됐지요. 그로부터 16년이 지난 1993년에는 매립량이 초과돼 폐쇄를 하기에 이르렀어요. 그러자 정부에서는 이곳에 생태 공원을 조성해 환경을 복원하기 시작했지요.

난지도는 난꽃과 영지가 자라던 섬으로, 1978년에 정부가 쓰레기 매립장으로 지정하면서 훼손되기 시작했어요.

난지 쓰레기 매립장

○ 되살아난 난지도

　처음 난지도를 생태 공원으로 만든다고 했을 때 많은 사람들은 쓰레기 산을 공원으로 만든다는 것이 과연 실현 가능한 일인가 하고 의심했어요. 하지만 난지도 생태 복원이 추진되자 자연은 사람들을 놀리기라도 하듯 놀라운 회복력을 보였지요.

　그러나 아직도 난지도에서는 오염된 물과 유독 가스가 조금씩 나오고 있대요. 때문에 이를 정화하고 자원으로 재활용하는 작업을 계속하고 있지요. 서울시는 쓰레기 매립지가 자연에 가까운 상태로 돌아가는 시기를 2020년 정도로 예상하고 있대요. 우리는 훼손되는 데 걸린 시간보다 복원에 필요한 시간이 훨씬 오래 걸린다는 점을 잊지 말아야겠어요.

부채는 무공해 선풍기예요?

기계 동력을 사용하지 않고 온전히 사람의 수고에 의해 만들어진 부채의 바람은 자연을 거스르지 않는 청량한 무공해의 바람이며 더위와 화를 식히는 슬기의 바람이에요.

　전통 바람을 불러일으키는 부채는 사람의 손으로 바람을 일으켜 땀을 식히는 도구예요. 얇은 종이와 바짝 마른 대나무로 살을 만들어 넓적하게 벌려서는 그 위에 종이나 헝겊을 바르지요.

　우리나라 문헌 가운데 부채에 관한 가장 오래된 기록이 『삼국사기』에 나와 있어요. 10세기 고려 초, 부채는 임금님이 신하들에게 주는 하례품이었대요.

　'단오 선물은 부채요, 동지 선물은 책이라.' 는 말이 있어요. 옛날에는 단오가 가까워 오면 여름철이 곧 오게 된다고 해서 친지나 웃어른

께 부채를 선물했대요. 조선 말까지는 단오가 되면 임금님께 단오 부채를 진상했고, 임금은 그 부채를 대신들에게 하사했지요. 그리고 부채를 선물 받은 사람은 부채에다 금강산의 만물상이나 버들가지, 복숭아꽃, 나비, 벌, 백로 같은 그림을 그려 가지고 다녔답니다.

에어컨 1대가 쓰는 에너지는 선풍기 30대와 맞먹어요. 냉방 온도를 1℃ 올리면 9%, 난방 온도를 1℃ 낮추면 5%가량의 에너지 절감 효과가 있지요. 고유가, 지구 온난화로 인한 기후 변화로 인해 에너지 절약은 이제 모두에게 생활의 필수가 돼 버렸어요. 더욱 에너지 절약의 실천에 노력을 기울여야 할 때이지요. 부채 문화로 에너지 절약과 온실 가스를 감축해 보면 어떨까요?

전등 끄기를 실천하면 에너지가 절약되나요?

불필요한 전등을 끄는 것만으로도 45%의 에너지를 절약할 수 있대요. 지금 불필요한 전등이 켜져 있지 않나 한번 확인해 보세요. 우리의 작은 실천으로 지구가 살아난답니다.

> 빈방의 전등은 반드시 끄세요. 외출할 때도 끄는 것 잊지 말고요.

> 실내에서는 햇빛을 이용한 자연조명을 적극 활용하세요.

선조들을 보면 환경 문제의 답이 보이나요?

　우리나라든 외국이든 선인들의 생활 습관이나 문화유산을 잘 관찰하면 그동안 골치를 앓아 온 환경 문제의 답을 찾을 수 있어요.
　매년 봄날을 시샘하듯 황사가 불어요. 황사가 불 때마다 돼지고기를 많이 먹어야 한다는 이야기를 하는데, 이미 오래전부터 우리 옛 선인들은 그 사실을 알고 있었대요.
　한국 식품 연구 개발원에서도 돼지고기에 중금속을 해독하는 놀라운 효능이 있다고 발표했어요. 납이나 카드뮴처럼 인체에 치명적인 손상을 가져오는 중금속이 돼지고기를 먹었을 때 배출된다는 것이지요.

그런데 중금속으로 오염된 환경이나 인체를 화학 약품을 쓰지 않고 자연적으로 정화하는 방법이 선진국에서는 한창 개발 중이라고 해요.

한국산 은행나무가 카드뮴 같은 중금속을 강력하게 흡수한다는 사실이 이미 미국 연구진에 의해 입증됐어요. 또 해바라기가 우라늄을 빨아들인다는 것과 옥수수가 납을 빨아들인다는 것도 학술적으로 증명됐지요. 그래서 해바라기나 옥수수 등을 공해 물질을 배출하는 공장 주변에 심는대요. 그런데 재미있는 것은 이런 사실들을 밝혀낼 수 있었던 결정적인 단서가 바로 고대인들의 생활 풍습에 있었다는 것이지요.

풀 한 포기, 돌 한 개라도 그 자리에 놓인 의미가 다 있다고 하지요? 그런 의미에서 선조들이 살아온 발자취를 되돌아볼 필요가 있는 것 같아요. 지금 우리가 직면하고 있는 수많은 환경 문제들을 해결할 수 있는 방법이 있지 않을까 하는 기대를 가지고 말이에요.

진딧물 잡는 천연 살충 곤충이 있다고요?

실제로 무당벌레를 본 적이 있나요? 무당벌레가 있다면 그 주변에는 꼭 진딧물이 있어요. 무당벌레는 해충인 진딧물을 먹고 살아가니까요. 보통은 모든 채소류와 과실류에 모여드는 진딧물을 없애기 위해 농약을 살포하는데, 무당벌레만 있다면 농약을 뿌리지 않아도 되지요.

성무당벌레,
열점박이무당벌레,
이름도 다양……

지구 상에 생존하는 무당벌레는 5만 종이 넘는대요. 진딧물은 식물의 액을 빨아먹어서 식물에겐 매우 해가 되는데 무당벌레의 주 먹이가 진딧물이지요.

무당벌레다!
진딧물 살려~!!

무당벌레는 평생 동안 5,000마리의 진딧물을 잡아먹는대요.

환경주의자 존 라이언은 지구를 살리는 곤충으로 무당벌레를 꼽았어요. 살충제를 구입해 진딧물을 퇴치하는 비용도 절감할 수 있고, 친환경 농작물을 얻어 낼 수 있으니까요. 무당벌레야말로 지구 상에 살고 있는 유익한 곤충이라는 것이지요.

나는 지구 환경을 지키는 환경 수호자~!!

실제로 진딧물 피해를 입은 곳에 무당벌레를 풀어 놓은 적이 있었어요. 1970~1980년대 말경, 미국에서는 진딧물을 방제할 목적으로 수천 마리의 아시아산 무당벌레를 수입해 농작물에 풀어 놓았지요. 그 결과, 진딧물로부터 농작물을 지킬 수 있었답니다.

아시아산 무당벌레 VERY GOOD!!

지구의 똥을 치우는 착한 청소부는 누구예요?

○ 말똥풍뎅이
풍뎅이는 배설물의 처분을 전문으로 하는 딱정벌레과에 속하는데 동물들의 분뇨를 동그랗게 모아 흙 속에 묻어 애벌레의 먹이로 사용해요.

아마 우리가 없었다면 지구는 온통 메탄가스투성이였을지도 몰라요. 남들은 더럽다고 생각할지 몰라도 우리에겐 맛난 먹이지요.

 말똥풍뎅이는 전 세계의 소 목장과 대초원에서 소나 말, 코끼리의 똥을 처리해요. 똥이 있는 곳이라면 어디든 살고 있지요.
 부지런한 청소부 말똥풍뎅이가 없었다면 엄청난 돈을 들여 대규모 정화 사업을 벌여야 했을지 몰라요. 그만큼 말똥풍뎅이는 지구의 환경을 위해 유익한 일을 하는 곤충이지요.

말똥풍뎅이는 소가 배설하는 똥 덩어리 하나를 몇 시간 안에 깨끗이 처리한대요. 똥 덩어리를 다른 형제들한테 빼앗기지 않으려고 필사적으로 부지런을 떨지요.

말똥풍뎅이의 습관을 연구하는 사람들은 아프리카에서 단 한 덩이의 코끼리 똥에 1만 6000여 마리가 달려들어 두 시간 만에 처리하는 것을 보았대요. 정말 '지구의 청소부'라는 별명을 가질 만하지요?

미국에서는 목초지의 소똥을 치우기 위해 아프리카와 아시아의 말똥풍뎅이를 수입하고 있대요.

지렁이는 대지에 생명을 주는 존재인가요?

지렁이는 전 세계적으로 약 3,500종이 있어요. 사막과 극지 같은 곳을 제외한 대부분의 지역에 분포해 있지요. 우리나라에서는 약 60여 종이 알려져 있답니다.

그런데 음식물 처리에 지렁이가 이용되고 있다는 사실, 알고 있나요?

요즘 지렁이가 쓰레기를 분해하는 일꾼으로 주목받고 있어요. 지렁이가 각 가정과 식당에서 나오는 음식물 쓰레기를 처리해 주고 있지요. 지렁이를 집에서 키우는 일은 생각만큼 어렵지 않아요. 지렁이 화분 4~5개, 스티로폼이나 나무 상자 2~3개 놓을 공간만 있으면 되지요. 음식물 쓰레기도 처리하고, 지렁이 배설물을 이용해 무공해 채소도 기를 수 있으니, 정말 일거양득이지요?

아파트 숲에서 컴퓨터 오락에 매달려 사는 우리 어린이들에게 지렁이를 키워 보라고 권하고 싶어요. 왜냐하면 지렁이는 소리 없이 대지에 생명을 불어넣는 고마운 존재이기 때문이지요. 지렁이처럼 자연을 되살리는 여러분이 되었으면 해요.

먹는다 →

지렁이는 땅속으로 파고 들어가면서 토양을 먹고 토양 입자 속의 영양분을 소화시켜요.

→ 배설한다

참고로 지렁이는 땅을 2.5m 깊이까지 팔 수 있어요.

지렁이는 굴을 파면서 토양층을 섞고 공기와 물이 스며들게 해 토양을 더욱 기름지게 만들어 '자연의 쟁기'라고 불려요.

정말 지렁이는 토양의 환경 지킴이지요? 작은 동물이지만 배울 게 너무 많은 것 같아요.

 개구리를 먹으면 안 되나요?

　개울 주변 논 웅덩이에서 도란도란 이야기하는 개구리 소리를 들어 본 적 있나요?
　봄철이면 계곡이나 개울 주변이나 논을 찾아가면 개구리 알 무더기를 볼 수 있어요. 일찍 겨울잠에서 깨어난 북방산개구리와 아무르산개구리 등이 낳아 놓은 알이지요. 그런데 개구리가 산란할 수 있는 장소가 각종 개발 사업 때문에 점점 줄어들고 있어 문제랍니다.
　개구리 알이 올챙이가 되는 데 걸리는 시간은 기온에 따라서 차이가 있지만 대략 20~30일이라고 해요. 올챙이에서 개구리가 되는 것 또한 온도와 먹이 공급에 좌우되지만 2~3개월은 걸리는 것으로 알려져 있지요. 하지만 이른 모내기를 하는 부지런한 농민들은 3월 말부터 물이 많은 논을 골라 못자리 만들기에 들어가요. 많은 개구리들이 올챙이 상태이거나 더러는 미처 올챙이도 되지 못한 상태에서 논갈이를 맞는 것이지요.

　환경부는 개구리 보호를 위해 아무르산개구리, 북방산개구리, 계곡산개구리 등 3종을 취식 금지 대상으로 지정해 놓았어요. 청개구리나 무당개구리 등 다른 개구리들을 보호 대상에서 뺀 이유가 사람들이 먹지 않기 때문이라는 점을 감안하면 사실상 모든 개구리들에게 보호막을 쳐 둔 셈이지요. 하지만 이 보호막은 개구리알이나 올챙이들에게는 아무 도움이 되지 못한답니다.

　독일에서는 양서류들이 주로 이동하는 시기에 자원 봉사자들이 순찰대를 구성해 순찰을 한대요. 도로변 배수로에 빠진 개구리나 두꺼비 등을 구조하고, 양서류가 많이 나타나는 지역임을 알리는 도로 표지판 등을 설치해 차바퀴에 깔리는 것을 막는 등의 보호 활동을 하고 있지요. 우리 어린이들도 그대로 두면 훼손될 수밖에 없는 개구리 알을 찾아 주변의 묵히는 무논(물이 늘 고여 있는 논)이나 습지에 옮겨 주는 활동을 해 보면 어떨까요?

나무들의 고아원이 있나요?

　겨우내 아파트 쓰레기장 구석에 버려져 있는 플라스틱 철쭉 화분은 꼭 버림받은 고아 같아요. 또 사람이 살지 않는 집 마당에서 말라가는 은행나무는 양로원의 노인 같고요.

　그런데 오갈 데 없이 버려질 위기에 처한 나무들을 입양해서 기르는 나무 고아원이 경기도 하남시에 있대요.

　나무 고아원에서는 전국의 각종 관공서 공사 현장에서 나온 상처받고 병든 나무들을 돌보고 있어요.

　정성스럽게 상처를 치료해 주고 건강이 회복되면 다시 새로운 삶을 살아갈 수 있도록 도움을 준답니다. 영양 상태가 좋지 않은 나무 경우에는 톱밥과 한약재 찌꺼기를 이용해 영양을 공급해 주는 등 더욱 정성을 쏟기도 합니다.

　그러자 전국에 소문이 나, 한강변 도로 개설로 베어질 위기에 처해

> 여기에 오기 전까지 난 병들고 지쳐서 금방이라도 죽을 것 같았어.

> 여기 대부분의 나무 친구들이 죽을 뻔했지요.

있던 소나무 159그루, 도로 확장 공사에서 상처 입은 은행나무 300여 그루, 느티나무 1,000여 그루, 메타세쿼이아 1,700그루, 홍단풍 450그루 등이 나무 고아원으로 보내졌어요.

그동안 별다른 미관 대책이 없어 황량했던 미사리에 새로운 녹지대가 형성됐어요. 나무 고아원의 나무들 덕분이지요. 버려질 위기에 처했던 나무들이 시민들의 휴식처 노릇을 톡톡히 하고 있답니다. 뿐만 아니라 환경 사랑 배움터로 자연보호의 중요성을 일깨우고 있다고 합니다.

자원을 절약하는 방법에는 무엇이 있나요?

바람직한 소비 생활은 아주 하찮게 보이는 조그마한 것에서부터 습관을 들일 필요가 있어요. 내가 아껴 쓰는 자원의 양은 얼마 안 될지 모르지만 우리 모두가 아껴 쓰는 습관을 가지고 실천해 나간다면 어마어마한 양의 자원이 절약될 거예요.

다음 일들을 꼭 실천해 보세요. 그러면 자원을 절약할 수 있어요.

비누칠하기

먼저 비누칠을 한 다음 헹굴 때 물을 트세요. 그러면 아깝게 흘러가는 물을 아낄 수 있어요.

과일 씻기

채소나 과일을 씻을 때도 물을 받아서 쓰면 흐르는 물을 절약할 수 있어요.

그릇 닦기

쓰고 난 그릇에 묻은 오염물을 종이로 잘 닦은 뒤 설거지를 하면 하수구로 흘러 들어가는 오염 물질의 양을 줄일 수 있어요.

가스렌지 사용 시

조리할 때 가스렌지의 불이 냄비 바닥 밖으로 나오지 않게 사용하기.

가전제품의 코드 뽑기

가전제품을 사용 하지 않을 때는 코드 뽑아 두기.

난방 기구를 틀기보다 옷을 따뜻하게 입는 습관을 들이세요.

재활용 종이로 만든 공책을 사용하고

먹을 만큼만 음식을 담고 담은 음식은 남기지 마세요.

음식을 먹을 때

물건 구매 시

꼭 필요한 물건만 구입하고 구입한 물건은 아껴서 쓰기.

조심해서 먹어야 할 식품은 뭐예요?

환경이 오염되고 외국 농산물 수입이 늘어나면서 몸에 해로운 식품들이 시중에 많아졌어요. 건강을 위해 어떤 식품을 조심해서 먹어야 하는지 지금부터 알아보기로 해요.

버섯

시중에 유통되고 있는 수입 중국산 버섯 중에는 두 달이 지나도 썩지 않는 버섯이 있대요. 이들 버섯은 살균제를 넣어 재배하기 때문에 아주 위험해요. 버섯을 손질할 때, 눈이 아프고 이상한 냄새가 난다면 살균제를 넣은 버섯일 수 있으니 조심하세요.

바나나

바나나를 수출할 때 보장 기간을 길게 하기 위해 살균제인 베노밀을 물에 풀어 바나나를 담가요. 그런데 바나나를 살균 처리하는 사람 중 약 30%가 건강 상태가 좋지 않은 것으로 나타났어요. 뇌졸중, 심장병으로 사망하거나 자녀에게 소아암이 많이 발생했대요.

어묵과 젓갈

첨가물이 사용된 어묵과 젓갈도 피해야 할 식품이에요. 명란과 명란젓을 가공하는 과정에서 발색제와 착색료를 사용하는데, 아질산나트륨이라는 발색제는 침과 섞이면 발암성이 있는 물질로 변하기 쉬우므로 주의해야 해요.

밀가루

미국산 밀가루는 수확한 밀의 보존성을 높이기 위해 포스트 하비스트라는 농약을 사용했을 확률이 높으므로 가능한 피하는 것이 좋아요. 포스트 하비스트 농약이 신경 계통에 이상을 가져온대요.

셀러리와 파슬리

원산지가 유럽인 셀러리와 파슬리는 덥거나 비가 많이 내리면 병에 걸리기 쉽고 해충에도 약하대요. 그래서 수확하기 직전까지 여러 종류의 살균제와 살충제를 사용해 기르지요. 농약이 암을 유발할 수 있으니 주의해야 해요.

람사르 협약이 뭐예요?

람사르 협약의 정식 명칭은 '물새서식지로서 국제적으로 중요한 습지에 관한 협약'으로 물새 서식지인 습지를 국제적으로 보호하기 위한 것이에요.

습지는 많은 생명체에게 서식처를 제공하고 생태계를 유지시키는 곳이에요. 그런데 지구 상의 많은 습지들이 매립되거나 오염되는 등 훼손되고 있는 실정이지요.

전 세계적으로 50% 이상의 습지가 소실되고 있을 뿐 아니라, 지속적으로 감소하고 있는 상황이에요.

이에 습지에 대한 국제협약의 필요성이 대두되기 시작했죠. 1971년 2월 2일, 이와 같은 습지 파괴를 저지하기 위해 이란의 람사르에서 국제회의가 열렸어요. 국제회의에서 채택된 협약이 바로 국제 습지 조약, 즉 '람사르 협약'이지요.

람사르 협약은 습지의 보호에 관한 국제 조약으로 정식 명칭은 '물새 서식지로서 국제적으로 중요한 습지에 관한 협약'을 말해요.

람사르 협약 가맹국이 되려면 자기네 나라의 중요한 습지를 1개 이상 보호지로 지정해야 해요.

1997년, 우리나라는 101번째로 람사르 협약에 가입했는데, 강원도 인제군 대암산 용늪이 첫 번째 보호지로 지정됐지요. 1998년에는 경남 창녕군 우포늪, 2004년에는 전남 신안군 장도 습지, 2006년에는 전남 보성군 벌교 늪지, 2007년에는 제주 서귀포시 남원읍 수망리 소재 물영아리오름 습지가 지정됐답니다.

매년 2월 2일은 '세계 습지의 날'이에요.

특히 제주 물영아리오름에는 습지생물이 다양하고 서식하고 있는데, 대표적으로 맹꽁이, 갈구리나비, 바늘골, 도룡뇽, 노랑실잠자리, 금새우난, 미끈도마뱀, 줄장지뱀 등이 있어요.

람사르 협약의 본부는 스위스 글랜드에 있어요. 이 단체는 세계 자연 보전 연맹에서 관장하고 있지요.

우리나라에서는 2002년부터 해양 수산부와 환경부 공동으로 습지 보전에 대한 세미나 연구 발표 및 탐조 대회를 열고 있어요.

이런 활동은 일반 국민이 습지에 대한 인식을 새롭게 하는 기회가 되고 있지요.

인간 환경 선언은 어떤 내용이에요?

 1972년 6월 5일부터 16일까지 스웨덴 스톡홀름에서 지구적 규모의 환경 파괴에 대한 대책을 협의하기 위해 유엔 인간 환경 회의가 열렸어요. 유엔 인간 환경 회의에는 총 113개 국가와 3개 국제기구, 257개의 민간단체 등이 참여했지요.

 인간 환경 선언은 법적 구속력은 없으나 인간 환경 문제를 해결하기 위한 하나의 행동 지침을 담고 있어요. 이 선언은 국제 사회에 경각심을 불러일으키고 환경의 보전과 개선을 위해 모든 사람들을 고무하고 인도하는 전 세계적인 약속이지요. 또한, 환경적 위협을 극복하기 위해 새로운 형태의 국제 협력에 합의하는 최초의 시도라는 의미를 지니고 있답니다.

인간 환경 선언문 중에서

인간은 환경을 창조하고 변화시킬 수 있는 존재이며 동시에 환경의 형성자임을 인정해야 한다.

인간 환경이 인간의 복지와 기본적 인권, 나아가 생존권 자체의 존립마저 위태롭게 할 수 있을 만큼 위험 수위에 도달했기에 이러한 환경 문제를 해결하지 않고서는 더 이상의 발전은 의미가 없다.

그 뒤 제27차 유엔 총회에서 지구 환경 문제를 다루기 위한 유엔 전문 기구를 만들어야 한다는 데 합의한 결과, '유엔 환경 계획'이라는 국제기구 유넵(UNEP)이 설립됐어요. 유엔 산하 기구 본부로는 최초로 제3세계 국가인 케냐 나이로비에 설치됐지요. 현재 나이로비 본부에는 약 400여 명의 전문가들이 활동하고 있으며, 아프리카 지역(케냐의 나이로비), 라틴 아메리카 및 카리브 해 지역(멕시코의 멕시코시티), 서아시아 지역(바레인의 바나마), 아시아 및 태평양 지역(태국의 방콕), 유럽 지역(스위스의 제네바), 북미 지역(미국의 뉴욕)에 지역 조직 본부를 두고 있답니다.

인간 환경 선언이 채택된 6월 5일은 '환경의 날'로 지정됐어요.

1996년 2월 14일에 설립된 유엔 환경 계획(UNEP) 한국 위원회는 아시아 지역에서는 유일한 위원회예요.

유해 폐기물 발생을 어떻게 막아야 하나요?

'유해 폐기물'이란 독성, 부식성, 점화성 또는 반응성이 높은 폐기물을 말해요.

폐건전지, 폐형광등, 체온계

카드뮴-니켈 전지, 폐플라스틱

기타 유해 물질 함유물 등

 현대의 산업은 무서울 정도로 발전하고 있어요. 자고 일어나면 새로운 전자 제품이 출시되고 유전공학이 발달하는 등 빠른 속도로 변화하고 있지요. 이렇게 산업이 발달함에 따라 전 세계적으로는 매년 약 4억 톤 이상의 유해 폐기물이 발생되고 있답니다.

 바젤 협약은 국제적으로 문제가 되는 유해 폐기물의 수출입과 그 처리를 규제하려는 목적으로 1981년 제9차 UNEP 총회에서 다뤄진 이래 여러 차례 회의를 거쳐 1989년 3월 스위스 바젤에서 제정된 협약이에요. 병원성 폐기물을 포함한 유해 폐기물의 국가 간 이동 시 교역국은 물론 경유국에까지 사전 통보 등의 의무화 조치를 취함으로써 유해 폐기물의 불법 이동을 줄이자는 데에 그 기본 취지가 있지요.

 우리나라는 1992년 폐기물의 국가 간 이동 및 그 처리에 관한 법률

우리나라는 철강 슬래그, 폐타이어, 폐고무, 폐플라스틱 등의 유해 폐기물을 수출하고 고철, 폐지 등의 폐기물을 수입해 산업용 원자재로 재활용하고 있어요.

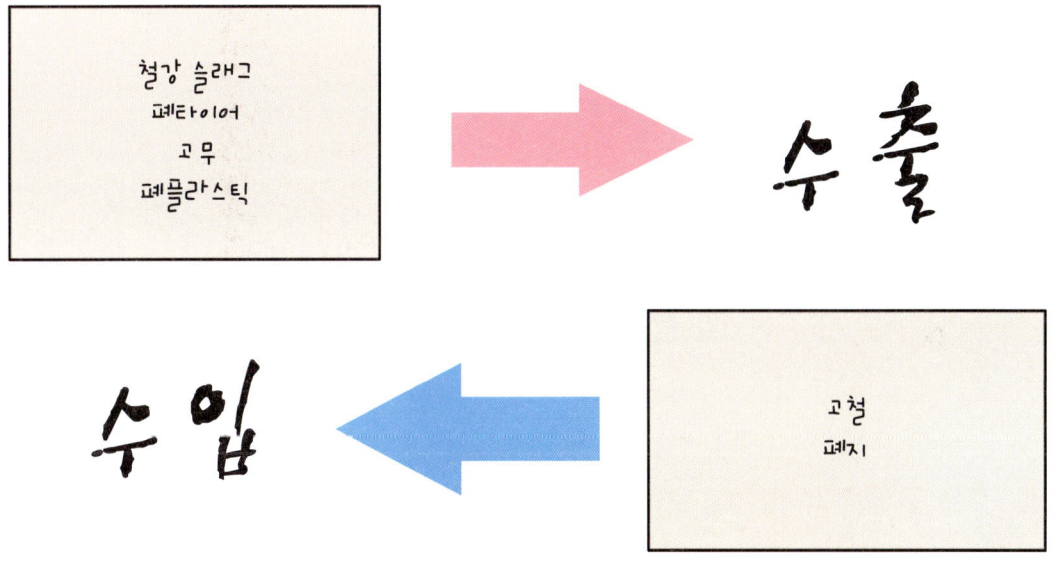

까지 국내법으로 제정하고 이듬해에 바젤 협약에 가입했어요.

지금은 우리나라에서 수출입하는 폐기물들이 바젤 협약의 규제 대상에서는 제외돼 왔어요. 하지만 고철, 폐지 등이 바젤 협약에 따라 규제된다면 관련 산업에 큰 영향을 미칠 것으로 전망되지요.

기후 변화에 대한 협약이 있나요?

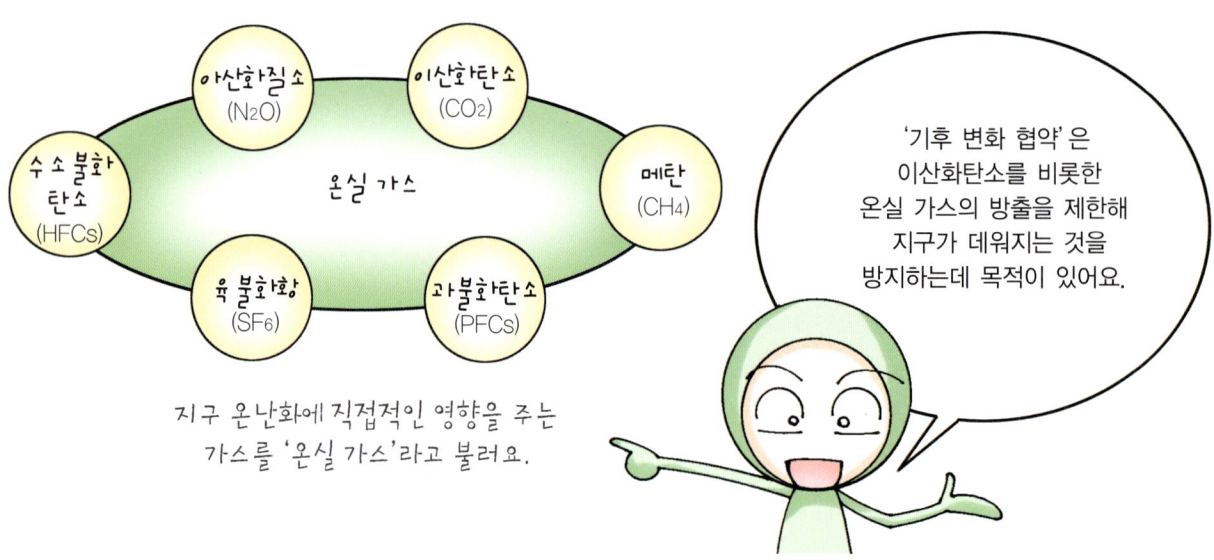

지구 온난화에 직접적인 영향을 주는 가스를 '온실 가스'라고 불러요.

'기후 변화 협약'은 이산화탄소를 비롯한 온실 가스의 방출을 제한해 지구가 데워지는 것을 방지하는데 목적이 있어요.

산업이 발전함에 따라 지구의 기후가 변하기 시작했어요. 온실 가스의 증가로 지구의 온도가 올라가고 기상 이변이 일어났지요. 1992년, 유엔은 기상 이변을 방지하기 위해 기후 변화 협약을 채택했답니다.

지구 온난화 방지를 위한 온실 가스 규제를 목표로 만들어진 기후 변화 협약은 1992년에 브라질 리우데자네이루에서 채택됐어요. 정식 명칭은 '기후 변화에 관한 유엔 기본 협약'이지요. '리우 환경 협약'이라고도 한답니다.

그런데 온실 가스를 1990년 수준으로 줄이기로 한 협약이 잘 지켜지지 않았어요. 그러자 협약 체결국들은 1997년 12월에 일본 교토에 모여 협약 실행을 위한 교토 의정서를 채택했지요.

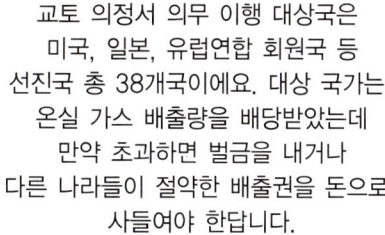

교토 의정서 의무 이행 대상국은 미국, 일본, 유럽연합 회원국 등 선진국 총 38개국이에요. 대상 국가는 온실 가스 배출량을 배당받았는데 만약 초과하면 벌금을 내거나 다른 나라들이 절약한 배출권을 돈으로 사들여야 한답니다.

그러나 이후 의정서가 발효되기까지 온실 가스의 감축 목표와 일정, 개발도상국과 선진국 간의 이해득실과 의견 차이로 심한 대립을 겪기도 했어요. 가장 많은 양의 이산화탄소를 배출하는 미국이 의정서를 따르지 않겠다고 선언하는 등 우여곡절이 있었지요.

우리나라는 유엔 기후 변화 협약에서 개발도상국으로 분류돼 당장 온실 가스를 줄이지 않아도 돼요. 하지만 우리나라의 온실 가스 배출량이 점점 증가하고 있어 의정서 의무를 따르라는 압력이 거세지고 있지요.

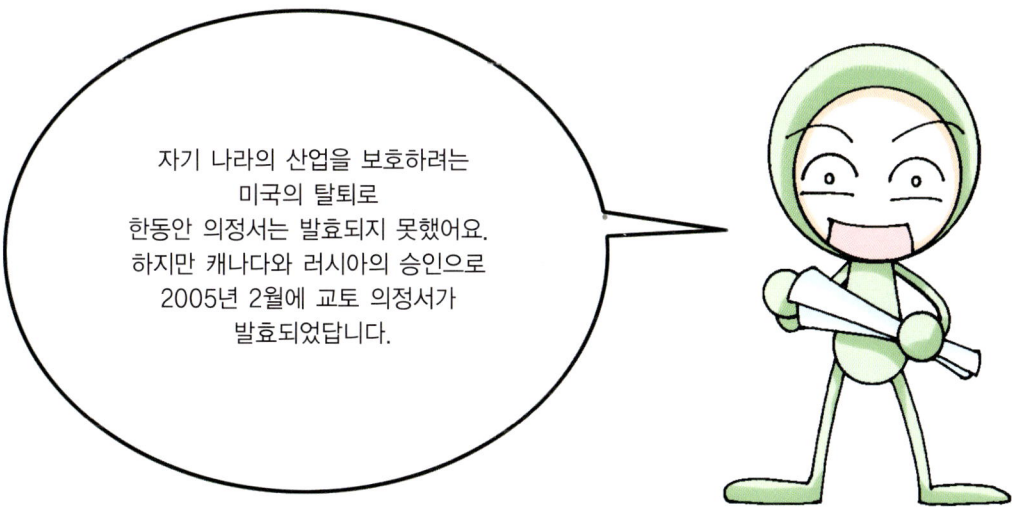

자기 나라의 산업을 보호하려는 미국의 탈퇴로 한동안 의정서는 발효되지 못했어요. 하지만 캐나다와 러시아의 승인으로 2005년 2월에 교토 의정서가 발효되었답니다.

오존층 파괴를 막기 위해 무엇을 하고 있나요?

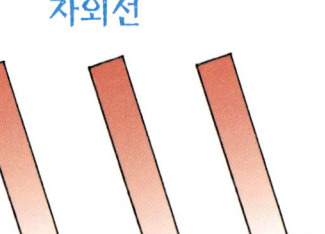

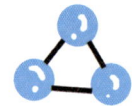

오존은 산소 원자 3개로 이루어져 있으며 지구 상공 24Km~32Km의 성층권에서 오존층을 형성. 태양의 강렬한 자외선을 흡수해요.

오존층이 파괴되면 지구는 정말 심각한 피해를 입게 되는데, 몬트리올 의정서는 무엇보다도 오존층을 파괴하는 물질을 배출하는 선진국에 대한 구체적인 규제 조치를 정했다는데 큰 의의가 있지요.

  오존층 파괴 문제가 지구적 문제가 되면서 오존층 파괴 물질을 규제하기 위한 국제 협약이 만들어졌어요. 1987년에 캐나다 몬트리올에서 '오존층을 파괴하는 물질에 대한 몬트리올 의정서'가 정식으로 체결되어 1989년 1월에 발효됐지요.

  그러나 의정서 발효 이후에도 오존층 파괴가 더 심각한 수준에 이르자 지금까지의 선진국에 대한 규제 조치가 충분하지 않다는 비판이 일어났어요. 그래서 1990년 런던 개정 의정서에서는 오존층을 파괴하는 오염 물질을 2000년에 완전히 폐기하도록 규정해 놓았지요.

  1992년, 코펜하겐 개정안은 런던 개정 의정서를 더욱 강화하여

1996년까지 염화불화탄소와 할론 등 오존층을 파괴하는 물질을 완전히 없애도록 하되 꼭 필요한 한도 내에서만 생산 또는 소비할 수 있도록 허용하는 안을 체결했어요. 또한, 개발도상국에 대한 특례 조항도 재검토해 전 지구적으로 동참시킬 것을 검토했지요.

미국, 러시아, 영국, 독일, 유럽 공동체, 인도, 중국과 우리나라를 포함해 65개국이 넘는 국가가 몬트리올 의정서를 따르고 있어요. 우리나라는 1992년 5월에 가입했지요.

지구의 사막화를 걱정하는 모임이 있나요?

'사막화 현상'은 산림 황폐화, 토양 침식을 포괄하는 개념으로 현재 아프리카를 비롯한 남미, 중동 및 러시아, 중국, 인도 등 아시아 국가들까지도 사막화 영향을 받고 있어요.

사막화 진행이 빨라지고, 그로 인한 피해가 늘어나자 국제 사회는 1970년대부터 대책을 논의하기 시작했어요.

사막화 방지 협약은 심각한 가뭄으로 사막화의 영향을 받는 국가, 특히 아프리카 국가들을 여러모로 지원하기 위한 협약이에요. 1994년 6월 17일, 파리에서 협약이 채택됐지요.

사막화 방지 협약

'사막화 방지 협약'의 주요 내용은 사막화 피해를 입고 있는 개발도상국에 사막화 방지에 필요한 지식과 기술을 제공하는 것이에요.

사막화 방지 협약은 생물 다양성, 토양 오염 등 그 적용 범위가 광범위한 지구적 차원의 환경 협약으로 발전하고 있어요. 2006년 가입국은 191개국이며, 우리나라는 1999년 8월에 159번째로 가입했지요.

매년 6월 17일은 사막 방지의 날

1994년 제49차 국제 연합 총회에서는 사막화 방지 협약일을 기념하기 위해 매년 6월 17일을 '사막화 방지의 날'로 지정했지요.

사막화 피해가 커지자 이를 예방하기 위한 노력이 전 세계적으로 진행되고 있어요.

우리나라는 중국과 몽골의 사막화 방지를 위하여 몽골 지역 사막에 나무를 심는 조림 사업을 추진하고 있답니다.

생물의 다양성은 어떻게 보존해야 하나요?

'생물 다양성 보존 협약'은 생물종을 보호하여 희귀 유전자의 보전, 생태계의 다양성 및 생태계의 균형 유지를 목적으로 하고 있어요.

생물 다양성 보존 협약

지구 상에 살고 있는 모든 생물을 보호하고 멸종 위기를 극복하기 위해 마련된 협약이 있어요. 바로 '생물 다양성 보존 협약'이지요.

생물 다양성 보존 협약은 1987년에 유엔 환경 계획(UNEP)이 지구 상의 생물종 보호를 위한 전문가 회의를 개최하면서부터 국제 사회에서 처음 논의됐어요. 그리고 1992년 6월, 브라질 리우에서 열린 유엔 환경 개발 회의에서 158개국 대표가 서명함으로써 채택됐지요.

기후 변화 협약과는 달리 생물 다양성 보존 협약에서는 선진국보다 생물자원이 풍부한 브라질, 인도네시아 같은 개발도상국이 더 큰 목소리를 내고 있어요.

오늘날 지구 상의 야생 동물은 1,300~1,400만 종에 이를 것으로 추정하는데, 인간에게 알려진 것은 13% 정도라고 해요. 이러한 야생 동물은 해마다 2만 5,000~5만 종이 사라지지요. 20~30년 내에 지구 전체 생물종의 25%가 멸종할 것으로 예측하고 있답니다.

우리나라의 사라지는 생물들

◐ 붉은박쥐

◐ 쇠고래

◐ 돌매화나무

◐ 매화마름

고래 보호에 앞장서는 단체가 있나요?

'그린피스'는 1971년 캐나다 밴쿠버 항구에 캐나다의 반전 운동가, 인디언 보호 운동가, 사회사업가, 대학생 등 12명의 환경 보호 운동가들이 모여 결성한 국제적인 환경 보호 단체예요.

그린피스의 원래 명칭은 핵 실험을 하지 말라는 의미의 '파문을 만들지 마시오.'였대요. 미국 알래스카 주 암치카 섬으로 핵 실험 반대 시위를 벌이기 위해 출발하며 배 중앙에 '그린피스'라고 쓴 녹색 깃발을 건 게 계기가 되어 '그린피스'라는 이름을 갖게 됐지요.

그린피스는 주로 기후, 유독성 물질, 핵, 해양, 유전 공학, 해양 투기, 산림 등의 부분에서 적극적으로 활동하고 있어요. 전 세계 39개국에 43개 지부가 있으며, 160여 개국 300만 명의 회원이 내는 기부금

◎ 그린피스 호

◎ 브라질 유전자 변형 농산물 반대 시위

'그린피스'는 본래 프랑스 핵 실험을 반대하기 위해 발족했어요. 프랑스가 남태평양의 한 섬에서 핵 실험을 시도할 때 이를 숨어서 감시했답니다.

◐ 그린피스의 다양한 활동

그린피스는 원유 유출 사건으로 위기에 빠진 야생 동물을 구조하기도 하고,
인체에 해로운 배기가스를 내뿜지 않는 자동차를 만들어 전 세계에 홍보하기도 했어요.

◐ 유전자 변형 쌀 반대 시위

◐ 핵폭탄 반대 시위

◐ 새만금 방조제 반대 시위

으로 운영되고 있지요.

한국에는 그린피스 지부가 설립돼 있지 않아요. 1994년 4월, 그린피스 환경 조사팀이 한국의 자연보호 실태를 알아보기 위해 그린피스 호를 타고 방문한 바 있지요.

우리나라 환경 운동 연합은 어떤 단체인가요?

'환경 운동 연합'은 산하에 7개 기관, 52개 전국 조직, 8만 7000여 명의 회원을 갖춘 아시아 최대의 환경 단체로 발전했어요.

1992년에 브라질 리우에서 열린 유엔 환경 개발 회의는 한국 환경 운동 단체들에게 새로운 변화를 주게 돼요. 이것을 계기로 각기 활동해 온 공해 추방 운동 연합 등 기존의 반공해 운동 단체와 부산·대구·광주 등 지역 환경 단체가 전국적 기반을 바탕으로 국내 환경 문제를 넘어서 지구촌 환경 문제 해결을 위해 서로 뭉치게 됐지요. 그 통합 단체가 바로 1993년에 창설된 '환경 운동 연합'이랍니다.

환경 운동 연합은 1990년대 지리산, 점봉산, 덕유산 보호 운동을 비롯해 시화호 살리기, 동강 살리기, 가야산 골프장 저지, 핵 폐기장 강행 저지, 새만금 살리기, 서남 해안 습지 보전, 비무장 지대 보호, 팔당 상수원 보호, 낙동강 살리기, 대만 핵 폐기물 반대 등 환경 감시꾼으로 역할을 단단히 해 왔어요. 특히 1997년, 대만이 핵 폐기물을 북한에 수출하려고 했을 때 강력한 항의로 대만의 시도를 꺾은 환경 단체로 국제적 명성을 얻었지요.

환경 운동 연합은 핵 물질 이용 반대, 고래 보호, 기후 변화 대응 등 지구 환경 문제를 해결하기 위한 국제 연대에 적극적으로 참여하다가 2002년에 세계에서 가장 큰 민간 환경 단체 '지구의 벗' 회원 단체로 정식 가입했어요. '지구의 벗 한국' 자격으로 국제 사회에서도 중요한 역할을 해 나가고 있지요.

환경 운동 연합의 활동들

◐ 고래잡이 반대 퍼포먼스

◐ 북한 핵 실험 규탄 퍼포먼스